魚っ食いのための

珍魚

◆ 食べ方図鑑 ◆

著 西潟正人

緑書房

序にかえて

　魚食普及が声高に叫ばれるようになった近年、未利用魚なる言葉も登場した。米食離れが騒がれたときに似て、この言葉にうさんくささを感じたのは私だけだろうか。未利用魚って、なんだろうか。
　2016年4月、相模湾に定置網を張る網代漁業㈱は、独自の漁獲調査を行った。年度や季節、天候により、魚種や漁獲量は大きく異なるが、目安としては参考になるだろう。その日は、62種類の魚が確認できた。

高利用魚（通常取引）…36種で約6割
低利用魚（流通経路・扱い業者が限られる）…13種で約2割
未利用魚（現場で廃棄される）…13種で約2割

　これを約2ｔの水揚げに換算すると、未利用魚は20～200kgで全体の1～10％となる。その中身を知るには、日々の現場を見るしかない。バラムツなど流通不可の毒魚も混じるし、ゴミと雑多になった小魚は拾い分ける手間だけで赤字になる。つまり未利用魚とは、知名度の低いおいしい魚をいうのだと思う。魚食文化は地域性が強いため、漁獲されてもやむなく廃棄する地方も多い。漁業者のやるせない思いによって、廃棄が正当化されてしまうのもやむを得ない。漁業においてカネになる魚、捨てる魚の線引きがそこにある。
　沿岸漁業の衰退が懸念されている昨今、漁業者が自ら立ち上がった。魚料理を専門にする品川「あじろ定置網」である。日々の水揚げで、築地など大型市場に運ばれない多くの魚を知ってもらおうと、東京海洋大学に隣接してオープンしたのは2014年8月。暑い盛りに、全国から魚好きが集まった。

開店から3年が過ぎようとしている今、私は改めて未利用魚ってなんだろう、と思う。日本人はみな、いろいろな魚のおいしさを知りたいのだ。スーパーの魚売り場に並ぶ、どこも同じ品揃えでは食指が動かなかった人もたくさんいるに違いない。現に品川のこの店では名の知れた高級魚に、人気がない。エドアブラザメのマシュマロのような食感やツバクロエイのヒレ煮や蒸した肝に常連客の目は集中する。塩焼きならカゴカキダイやカゴカマスのおいしさが知れわたるようになった。

　食いしん坊の発見は、いつかまた忘れ去られてしまうだろう。私は魚からの言い分として、そんな魚の話を書きたくなった。本書は前著『日本産・魚料理大全』の続編となるが、語りを多くしたのはそんな理由からだ。

　世界の各国で、漁業の先行きに希望がもてない現代。これまでのように、我先に奪った者が笑う時代ではない。回遊魚は地球レベルの資源共有意識が迫られ、沿岸漁業も協業化と共同化に活路を開くしかないだろう。大きな自然を共有する生き物として、私たちは「いただく心」を失っていたようだ。

　魚は、水の世界を教えてくれる。舌に聞こえる言葉の、なんと優しいことだろう。怖い顔つきの魚も、味わうと意外に臆病な性格が見えてくる。魚を食べて個性の違いを感じたら、もう会話をしている。

2017年6月

西潟　正人

目次
（魚種、料理検索）

序にかえて ……………………………… 002
本書の使い方 …………………………… 008
和名索引 ………………………………… 216
学名索引 ………………………………… 219
参考文献 ………………………………… 222
著者プロフィール ……………………… 223

第1章　魚類

日本に近い浅海から深海に生息する
大小さまざまな魚類143種を紹介

ヘダイ …………………………… 010
カブト焼き、刺し身、湯引き

ハタの仲間（アオハタ／アカハタ／
キジハタ／マハタ／アラ／バラハタ／
オオモンハタ／オビハタ／クエ／
ヒトミハタ／ホウキハタ）…………… 012
刺し身、酢締め、昆布締め、煮つけ、あら
汁、寿司

ハナスズキの仲間（トゲハナスズキ／
フタイロハナスズキ）………………… 018
刺し身

アオギス ………………………… 020
刺し身、酢締め、押し寿司、煮つけ、
塩焼き、開き干し、骨酒

ムロアジの仲間（オアカムロ／
クサヤモロ／マルアジ）……………… 023
刺し身、酢締め、昆布締め、くさや

アイブリ・ブリモドキ ………… 027
刺し身、塩焼き、酢みそ和え、
みそ漬け、煮つけ

ハマフエフキ …………………… 029
刺し身、カブト焼き

サザナミダイ …………………… 031
刺し身、煮つけ

**ハチビキ・ロウソクチビキ・
アオチビキ** ……………………… 033
あら煮、刺し身、押し寿司

アカイサキ・シキシマハナダイ … 037
姿造り

オオメハタ・ワキヤハタ ……… 039
刺し身、塩焼き

オオニベ・シログチ …………… 041
刺し身、鍋、煮つけ

ヒゲダイ・ヒゲソリダイ ……… 044
刺し身、塩焼き

カワビシャ・テングダイ ……… 047
塩焼き、煮つけ

マツダイ ………………………… 049
刺し身、塩焼き

スギ ……………………………… 051
刺し身、塩焼き

コバンザメの仲間（コバンザメ／
クロコバン）…………………………… 053
刺し身、煮つけ

ヒレジロマンザイウオ ………… 055
刺し身、塩焼き

クルマダイ ……………………… 058
刺し身

4

カゴカキダイ …………………… 060 塩焼き、煮つけ、刺し身	**ホシセミホウボウ・セミホウボウ** ‥ 098 刺し身、煮つけ
クロサギ …………………………… 062 マース煮、干物	**イネゴチ** …………………………… 100 内臓付きの刺し身、頬肉の塩焼き
アカタチ・イッテンアカタチ …… 064 刺し身、一夜干し、骨センベイ、丸干し	**チゴダラ・エゾイソアイナメ** …… 102 タラ汁、煮つけ
タカノハダイ・ミギマキ・ **ユウダチタカノハ** ………………… 067 刺し身、塩焼き、煮つけ	**アブラボウズ** ……………………… 104 握り寿司
スズメダイの仲間（スズメダイ／ オヤビッチャ）………………………… 071 一夜干し、背越し	**クサウオ** …………………………… 105 どぶ汁、から揚げ、煮つけ、卵巣の塩辛
ヒラソウダ・マルソウダ ………… 073 刺し身、づけ丼、ソバつゆ	**アサヒアナハゼ・ベロ** …………… 108 しょう油漬けの塩焼き、刺し身、みそ汁
イソマグロ ………………………… 076 姿盛り、姿煮	**シマウシノシタ** …………………… 111 刺し身、一夜干し、煮つけ
カマスサワラ ……………………… 077 刺し身、塩焼き	**ウスバハギ** ………………………… 113 刺し身、肝和え、薄皮の塩焼き、みそ漬け
キツネダイ・イラ ………………… 080 湯引き、姿造り	**ギマ** ………………………………… 116 刺し身、なめろう、しょうゆ漬け焼き
タナカゲンゲ ……………………… 082 刺し身、鍋	**トウゴロウイワシ** ………………… 118 丸かじり
ミシマオコゼ（ミシマオコゼ／ メガネウオ／アオミシマ）………… 084 刺し身	**アナゴの仲間**（ギンアナゴ／クロアナゴ／ ダイナンアナゴ／ホラアナゴ）……… 119 刺し身、アナゴ飯、煮つけ
ネズッポの仲間（ネズミゴチ）……… 086 天ぷら、関東煮	**ウツボ** ……………………………… 123 刺し身、煮つけ、土佐造り
アイゴ ……………………………… 089 ゼンマイの煮つけ、白子ポン酢、真子の塩辛、 マース煮、スクガラス、姿造り、握り寿司	**ウナギギンポ・アミウツボ** ……… 126 串焼き
ニザダイ …………………………… 091 刺し身	**ネズミギス** ………………………… 128 姿盛り
クロタチカマス・クロシビカマス・ **カゴカマス** ………………………… 093 甘辛煮、炭焼き、みそ焼き、丸干し	**ヒメ** ………………………………… 130 昆布締め
ミノカサゴ・ハナミノカサゴ …… 096 姿造り、姿焼き、姿揚げ、煮つけ	**フタスジナメハダカ** ……………… 132 塩焼き、酢漬け

5

エソの仲間（マエソ／マダラエソ／
オキエソ）·················· 134
なめろう、サンガ焼き、魚だんごの中華あんかけ

イタチウオ ························ 137
刺し身、煮つけ

アンコウの仲間（アンコウ／キアンコウ）
································ 139
鍋、あんきも、姿煮

ミドリフサアンコウ ············ 142
煮つけ、刺し身、一夜干し

アカグツ ··························· 144
姿蒸し

エビスダイ ························ 146
マース煮、刺し身

マツカサウオ ····················· 148
姿蒸し、から揚げ

アオヤガラ ························ 150
刺し身、お吸い物、丸干し

ダツの仲間（オキザヨリ／
ハマダツ／ヒメダツ）············ 153
刺し身、塩焼き

マンボウ ··························· 156
刺し身、塩焼き、煮込み、卵巣の塩辛

サケガシラ ························ 158
肝しょう油の刺し身、昆布締めの塩焼き、
みそ漬け、煮つけ

ソコダラの仲間（トウジン／イバラヒゲ）
································ 160
刺し身、肝入りの煮込み

深海の珍魚（アカチョッキクジラウオ／
トゲラクダアンコウ／カゴマトウダイ／
ハダカイワシの仲間／キュウリエソの仲間／
オグロコンニャクウオ／カンテンゲンゲ／
サイウオ）······················· 162
塩煮、丸干し、丸かじり

シロシュモクザメ ··············· 165
サメ肝、刺し身、煮つけ

ドチザメ・ホシザメ ··········· 166
刺し身

アオザメ ··························· 168
刺し身、フライ

ネズミザメ ························ 169
ステーキ、心臓の刺し身、卵黄のグラタン

ニタリ ······························ 171
刺し身、塩焼き

フトツノザメ ····················· 172
卵黄の甘辛煮

エドアブラザメ ·················· 173
刺し身、煮つけ

ノコギリザメ・ノコギリエイ ······· 174
刺し身

ギンザメ ··························· 176
サメ肝、刺し身、塩焼き、煮つけ

カスザメ ··························· 178
刺し身、卵料理、稚魚の煮物

サカタザメの仲間（サカタザメ／
コモンサカタザメ）············· 181
刺し身、煮つけ、稚魚の丸ごと煮

エイの仲間（アカエイ／ホシエイ／ウス
エイ／ツバクロエイ／
トビエイ）······················· 183
刺し身、エイ肝、煮つけ、エイひれ、稚魚
の煮つけ、煮こごり

シビレエイ ························ 190
煮つけ

ヌタウナギ ························ 191
出雲崎の浜焼き

第2章　イカ類・タコ類・貝類

日本に近い浅海から深海に生息する
イカ類8種、タコ類4種、貝類15種を紹介

■ **イカ・タコの仲間** 194

墨汁、生干し、刺し身、湯通し

コウイカ類（コブシメ／シリヤケイカ／テナガコウイカ／ヒョウモンコウイカ／カミナリイカ）................................. 194

ミミイカ類（ミミイカ）................. 198

ツツイカ類（ソデイカ／その他：ムラサキイカ／スジイカ）... 199

タコの仲間（ミズダコ・ヤナギダコ／チヂミタコブネ／サメハダテナガダコ）..... 201

■ **貝の仲間** 204

刺し身、塩蒸し、いちご煮、しょう油煮、おでん、塩焼き、勾玉の炊き込みご飯、酒蒸し、みそ煮、ニシ汁、みそ汁

巻き貝（アカニシ／ダンベイキサゴ／ツメタガイ／マガキガイ／ボウシュウボラ／ヤツシロガイ）................. 204

二枚貝（アコヤガイ／ウチムラサキ／カガミガイ／シオフキ／ホンビノスガイ）................. 209

磯モン（イボニシ／クマノコガイ／ヒザラガイ／マツバガイ）............. 213

コラム

・ビーカーウーロンハイ 035
・魚に合うビール 046
・服装 088
・旬とは？ 107
・フグ毒 114
・昆布締め 131
・塩・みそ・しょう油 180

本書の使い方

　本書に掲載されている珍魚は170種。それぞれの体型や利用方法に合わせて、料理人の視点から92項目に分類し、写真総数1,000枚で解説しています。

① 標準和名・学名
魚種別に標準和名、学名を掲載しています。

② 本文
珍魚の生物学的特徴、食材としての個性、文化的な位置づけについて紹介。魚類143種、イカ類8種、タコ類4種、貝類15種を網羅しています。

③ 旬
魚の旬は一概に言えないものも多く、特に珍魚では難しいですが、できるだけ、表記できるようにしています。

④ 展開写真
下処理、3枚下ろしなどの基本から、珍魚独特の体型に合わせた下処理を解説。料理人目線の構図で順を追って説明しています。

索引
本書に登場する標準和名、学名は巻末の索引で掲載しています。

免責事項

本書では、最新の知見に基づき、食文化の視点などを取り入れながら、多種多様な水産物を掲載しています。ただし、魚種によっては中毒を起こす可能性のあるものもあり、見慣れない魚をむやみに食べることは避けることが求められます。また自然環境の変化によって南方の魚が漁獲される事例もあり、今後、条例改正により有毒種の取り扱いが拡大される可能性も否定できず、記載された内容が全ての点において完全であると保証するものではありません。本書記載の内容による不測の事故や損失に対して、著者、編集者ならびに緑書房は、その責を負いかねます。

第 1 章
魚類

へダイ *Rhabdosargus sarba*

関東以南の沿岸岩礁域にすむ。全長35cm。

■ カブト焼き

① ウロコを落としたら腹を開き、エラと内臓を取り除いて水洗い。水気を拭き取って、胸ビレ際から頭部を切り離す。
② 頭部は2つ割りして塩焼きにする。

スズキ目タイ科ヘダイ属（1種）

ヘダイ

カブト焼き、刺し身、湯引き

　日本産魚類で、鯛名のつく魚は400種以上とされる。中でタイ科の魚はわずか十数種だから、「あやかり鯛」なんて言葉が生まれた。ヘダイは正真正銘のタイ科魚、クロダイに至っては『系図ダイを略してケイズという…』（幻談・幸田露伴）とあり、日本人は鯛に憧れていたことがわかる。タイ科は大きく、赤系・黄系・黒系に分かれる。ヘダイは黒系で、口がへの字に見えるからヘダイ。世に存在は知られていても、人気がないのは黒いからだと思われる。クロダイだって人気は釣り味で、市場価値は高くない。鯛はやっぱり赤くないといけないのだろう。ヘダイのへの字が、わかるような気がする。

　クロダイの黒より明るい銀白色で、全長20cmほどはよく群れる。希に60cmクラスが定置網に入ると、立派な姿にヘダイとは思えない。産卵期を過ぎた真夏から初冬にかけて、腹に驚くほどの脂を蓄える。塩焼きによし、刺し身にしても極上の白身である。ヘダイをヘッ！　なんて、バカにしてはいけない。

　近年、ヘダイの市場価値が高まっている。味を知る人は、マダイよりも評価する。小型サイズでいながら、しっかりした白身に甘みがあるからだろう。やや灰色がかる刺し身も、塩焼きにすると純白になって湯気を立てる。マダイだけが鯛じゃない。ヘダイの下克上が始まっている。

■ 刺し身、湯引き

ヘダイ（カブト焼き、刺し身、湯引き）

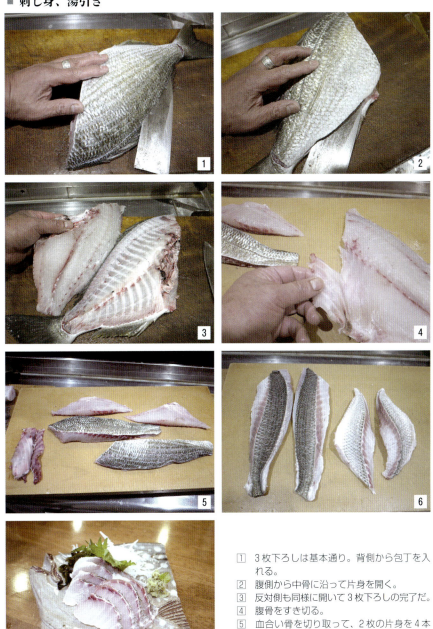

1. 3枚下ろしは基本通り。背側から包丁を入れる。
2. 腹側から中骨に沿って片身を開く。
3. 反対側も同様に開いて3枚下ろしの完了だ。
4. 腹骨をすき切る。
5. 血合い骨を切り取って、2枚の片身を4本のサクにする。
6. 皮面を湯引いた刺し身は、皮下のわずかな甘い脂を逃さない。
7. 刺し身は、皮ごと噛みしめる。

アオハタ（刺し身）

アオハタ *Epinephelus awoara*

1. 水深3〜50m、関東以南のやや深場の岩礁域にすむ。全長40cm。
2. アオハタの刺し身。1匹は煮つけにする。

スズキ目スズキ亜目ハタ科マハタ属（42種）／アラ属（1種）／バラハタ属（2種）

ハタの仲間

刺し身、酢締め、昆布締め、煮つけ、あら汁、寿司

　ハタ科には小さなヒメコダイやサクラダイなども多種いるが、ここでは大中型のマハタ属を中心に紹介したい。高級魚もいるが、ほとんどは釣り人か地方でしか知られない魚たちだ。南方系でもあるため、生息地や老成した種によりシガテラ毒をもつものもある。捕獲地の情報をしっかり確認するなど、注意を要する仲間も多い。

　ダイビングスポットは全国に広がり、漁協が施設を経営する時代である。素潜りで魚突きをするスピナーの人気も急上昇中で、許可されたエリアで彼らは楽しんでいる。私などが珍しいと思うハタ類をもち込むのは、ほとんど彼らで、魚名だけはよく知っているが食べ方がわからないのだ。

　中型のハタ類なら下ろし方は共通する。いろいろな料理法はすべてに応用できるから、食べる楽しさもぜひ知ってもらいたい。ただし自然界の生き物である、名前を知っても安心しないことだ。

アカハタ *Epinephelus fasciatus* 冬

アカハタ（刺し身、鍋）

1. 水深2〜160m、南日本の岩礁や珊瑚礁にすむ。全長30cm。
2. 刺し身には湯引きした皮、浮き袋、胃袋を添える。残ったアラは鍋用にする。

　しかしハタの仲間にはうまい魚が多い。アオハタもその一つで、知る人は一目を置く。60cmになるようだが30cm前後が多い。それでも堂々たる味わいは、釣り人の特権かもしれない。一般には知名度が低いため魚屋に並ばず、高級魚料理店が専門に扱うからだ。

　アカハタも中型のマハタ属だが食いしん坊は目の色を変える。刺し身は言うに及ばず、鍋料理にしたら余す所がない。写真は東京海洋大学生が合法域で潜って突いたもので、片側の胸ビレはDNA調査のために保存された。彼らの研究室で行った、料理実習を兼ねた宴会である。食べ慣れたものたちも驚かせたのは、副産物のおいしさだろう。皮、胃袋、浮き袋は湯引きして刺し身に添えてよし。鍋に入れたらこってりと、奥深いうまみを滲ませる。1匹で、みんなが幸せになれる魚だ。しかし、ハタ類中で最も不味とする『日本産魚類大図鑑』もある。舌の評価は人それぞれでいいのだろう。

キジハタ *Epinephelus akaara*

夏 秋 冬

キジハタ（姿造り、煮つけ、あら汁）

1. 水深5〜25m、新潟以南の日本沿岸の岩礁にすむ。全長35cm。
2. キジハタの姿造り。
3. 煮つけ。
4. アラ汁。

マハタ *Epinephelus septemfasciatus*

冬 春

マハタ（寿司、煮つけ、鍋）

1. 水深4～300m、新潟以南の岩礁域にすみ、老成魚ほど深場に潜む。全長90cm。
2. マハタの握り寿司と心臓。
3. 頭部の煮つけ。
4. マハタ鍋。
5. 沿岸の小さなマハタ。

アラ（刺し身）／バラハタ（刺し身）

アラ *Niphon spinosus* 夏 秋 冬

1. ハタ科アラ属 1 種。水深 70〜360 m、大陸棚縁辺部や岩礁にすむ。大きさは全長 80 cm である。
2. アラの刺し身。

バラハタ *Variola louti* 冬 春

1. ハタ科バラハタ属 2 種。水深 3〜240 m、沿岸岩礁からサンゴ礁外縁にすむ。大きさは全長 56 cm である。屋久島ではイトアカジョと呼び、通常に流通する。だが、より南方の小笠原諸島や沖縄諸島などで捕れた個体は危険だ。シガテラ毒を有する危険は成魚になるほど高まる。
2. バラハタ（屋久島産）の刺し身。

■ ハタの仲間いろいろ

オオモンハタ *Epinephelus areolatus* 夏 秋

水深6〜200m。沿岸の岩礁域にすむ。成魚の平均サイズは全長31cm。ホウセキハタに似るが、オオモンハタの尾ビレは白い縁取りがある。網目模様の斑点は成長すると細かくなって数を増やすため、イメージが変わる。ホウセキハタ、オオモンハタもおいしいハタ属である。

オビハタ *Epinephelus fasciatomaculosus* 夏

沿岸浅海の岩礁地帯にいて、南方の海域を好むようだ。成魚の平均サイズは全長22cmと、やや小型だがおいしい魚だ。贅沢にいくなら塩焼きで、ふわりと煮つけた甘みも捨てがたい。相模湾へは黒潮に流され、やってくるのだろう。小さな見慣れないハタ類は、雑魚で扱われてしまう。

クエ *Epinephelus bruneus* 冬 春 初夏

地方によりモロコ、アラなどと呼ばれる。クエは関西地方の呼び名だが、大型ハタ類には魚名の混乱が多い。それは立派すぎて勇ましすぎて、羨望の的になっているからにほかならない。根磯に古くから潜む主は、神々しいのである。何十年も生きたクエも、釣られたり漁網に掛かったりするのだ。全長2m近くなると、重量は100kgを超える。

ヒトミハタ *Epinephelus tauvina* 秋 冬 春 初夏

水深1〜50mのサンゴ礁域にいて、成魚の平均サイズは全長61cm。八丈島や小笠原諸島などに多い、南方系の魚だ。美味とされるが、シガテラ中毒の報告がある。琉球列島なども含め、南太平洋の大型魚には注意を要する。

ホウキハタ *Epinephelus morrhua* 秋 冬 春 初夏

水深10〜370mの、岩礁域にすむ。太平洋岸に多く見られ、美味で知られる。全長90cmになる大型ハタ類だ。相模湾の定置網では立派な姿に見とれる間もなく、高級料理店に直行される。

ハナスズキの仲間（刺し身）

トゲハナスズキ *Liopropoma japonicum* 冬

① 相模湾以南の岩礁域、水深90〜220mにすむ。全長19cm。雑多に混じると見落としてしまう魚だ。

フタイロハナスズキ *Liopropoma dorsoluteum* 冬

② 相模湾以南の岩礁域にすむ。全長20cm。（写真協力：「DAIWA・グローブライド」）

スズキ目ハタ科ハナスズキ属（11種）

ハナスズキの仲間

刺し身

　ハナスズキ属には11種あって、ハタ科ではあるがハナダイ類ではない。分類学的に混乱しているようだ（『さかな大図鑑』小西英人）。相模湾より南方系の魚なのだろう、伊豆網代の定置網では希に捕れることがある。鮮やかな赤色と腹部の白が、日章旗を見るようである。一応に眼球がとび出すのは深場から引き揚げられたせいか、眼球そのものが弱いせいだろう。

　大型や中型の多いハタ科にあって、小型の赤い仲間は釣り人に金魚などと呼ばれることがある。つまり、相手にされないのだ。目ン玉のとび出した1匹を持ち帰り、刺し身にしたのは遠い思い出だ。狭い台所で、背を丸めていたに違いない。そのときの、味は忘れた。懐かしい魚に出会うと、情景がよみがえる。

　釣り具メーカーに勤める友人から、フタイロハナスズキかしら？　と写真が送られてきた。神奈川県立生命の星・地球博物館の瀬能宏さんに同定をお願いすると、貴重な個体であったらしい。水中の世界は、まだまだ不思議に満ちている。

18　第1章　魚類

■ 下処理

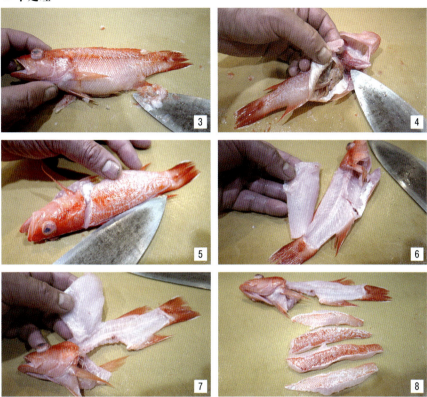

3 ウロコは包丁の刃先で、簡単に剥がれる。
4 腹を開いてエラと内臓を取り出したら、水洗いする。
5 3枚下ろしは、胸ビレ際から包丁を入れても頭部は落とさない。
6 背ビレ際から包丁を入れて、腹側から中骨に沿って片身を下ろす。
7 反対側も同様にして下ろす。
8 片身の腹骨と血合い骨を切り取って、4本のサクに取る。

■ 刺し身

9 皮面を湯引きして冷水に取り、水気を拭く。
10 トゲハナスズキの刺し身は、姿造りがいい。顔が見えないと、つまらないのだ。

ハナスズキの仲間（刺し身）

アオギス（刺し身、酢締め、押し寿司、煮つけ、塩焼き、開き干し、骨酒）

アオギス　*Sillago parvisquamis*

春 初夏

シロギス　*Sillago japonica*

春 夏

① 全長25〜30cm、最大は40cmを超える。
② 全長20〜27cm、最大は35cmを超える。昔はシロギスを女ギス、アオギスを男ギスと呼んだらしいが、なるほどと思う。

スズキ目スズキ亜目キス科キス属（5種）

アオギス

刺し身、酢締め、押し寿司、煮つけ、塩焼き、開き干し、骨酒

　アオギスを最も好んだのは江戸前の釣り人で、遠浅が広がっていた東京湾の懐辺りを場としていた。「河口の干潟で、泥を被らない澄んだ水を好む。このため、生息地は絶好の埋立地のターゲットになり消えた」（小西英人）。三代目三遊亭金馬『江戸前つり師』によると、昭和27年ごろから千葉沖へ逃げている。浅海の脚立釣りは、長い魚籃（びく）を海面まで下げてアオギスの通りを待つ。それは初夏の風物詩であり、今思えば信じられない美しい光景描写は、幸田露伴の『鼠頭魚釣り』にも詳しい。

　現在は豊前海周辺に生息が確認されるだけで、他所は絶滅したと考えられている。貴重なアオギスを漁師に頼み、1年がかりで数匹を送っていただいた。地元ではまずい魚として、昔から食べる習慣はなかったという。好き嫌いの激しい江戸っ子が追いかけた理由は、季節感と姿動きの精悍さだろうか。こちらはキスならアオギスを指し、シロギスなどバカにしたというからおもしろい。白を女とするなら、青は野性味あふれる男の味わいであった。

■ 刺し身

① 3枚下ろしは基本通り。引いた皮は竹串に巻いて焼き、卵巣も塩焼き、肝はたたいて刺し身に添える。
② 皮面を焼いた刺し身。
③ 皮面を湯引いた刺し身。

■ 酢締め、押し寿司

① 3枚に下ろしたら腹骨を切り取り、昆布を敷いた生酢に3時間ほど漬ける。
② 皮面に包丁目を入れた酢締め。
③ 酢締めの押し寿司。

アオギス(刺し身、酢締め、押し寿司、煮つけ、塩焼き、開き干し、骨酒)

アオギス（刺し身、酢締め、押し寿司、煮つけ、塩焼き、開き干し、骨酒）

■ 煮つけ

1 深鍋に昆布を敷き、水洗いしたアオギスをのせる。醤油と酒の薄味がおすすめだ。

2 薄味の煮つけ。

■ 一夜干し、塩焼き

1 背開きにしたら、軽く塩を振って一夜干し。

2 干物は手づかみでうまい。

■ 塩焼き、骨酒

1 万人好みの塩焼き。

2 塩焼きは食べ終えたら熱湯を注ぎ、しょう油少々の骨湯にする。

■ 余談

1 山本周五郎『青べか物語』ゆかりの地、千葉浦安の釣り宿には往年の脚立釣りの写真が掲げてあった。

オアカムロ *Decapterus tabl*

夏 秋

オアカムロ（酢締め）

1. 大きさは全長35cm。群れるから、漁業では一網打尽。
2. 力を入れずに柔らかいウロコを落とし、頭部を腹ワタを取り除く。
3. 3枚下ろしは背ビレ際に包丁を入れる。

スズキ目スズキ亜目アジ科ムロアジ属（7種）

ムロアジの仲間

刺し身、酢締め、昆布締め、くさや

　マアジに対比されて、「なんだ…ムロか…」のムロアジ。世間はアジとムロに大別して、ムロアジに仲間があることを知らない。尾ヒレだけが赤いオアカムロなど、奇異の眼差しだろう。伊豆諸島名物の"くさや"の原料になるクサヤモロ、相模湾の白ムロと呼ばれるモロ、青アジで通りのいいマルアジなど、おいしい魚たちの勢揃いだ。ムロアジの仲間はすべて、もっと見直されていいと思う。

　ムロアジ属の特徴は、尾ビレのつけ根に1対の小さなヒレ（小離鰭）があること。これもマアジと比べてだが、鮮度落ちが早くすぐに身が柔らかくなってしまうこと。なぁんだ、と笑うなかれ。今朝の捕れたてが流通す

オアカムロ（酢締め）

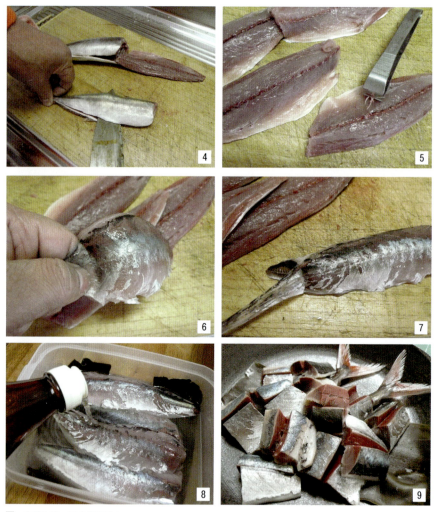

4 中骨に沿って大名下ろし。
5 腹骨を切り取ったら、血合い骨を抜く。
6 皮は頭の方向から、親指で身を起こすようにして剥く。
7 尾部は一気に引っぱり剥がす。
8 1～2分、酢洗いする。
9 水分を拭き取って、刺し身は大きくぶつ切り。魚の脂が酢に洗われると、いくらでも食べてしまう。

る時代である。ピンと固く張ったヤツを見つけて、明日食べようでは意味がない。すばやく処理するだけでも、躍動感は長持ちする。海の匂いがする、そんなムロが食べたいと、時々思う。捕れた瞬間に勝る刺し身はない。塩焼きも然り。干物のうまさも鮮度を第一にする。干物は生鮮食品であって保存食の干物とは次元が違う。

クサヤモロ *Decapterus macarellus*

 秋 冬

クサヤモロ（刺し身、くさや）

1. クサヤモロ、大きさは全長35cm。ムロでなくモロ。白ムロと呼ばれる、単にモロ（25cm）もいる。
2. クサヤモロは、尾ビレの下葉前縁がやや赤い。尾ビレつけ根の小離鰭は、ムロアジ属の特徴だ。
3. 血合い骨を抜いたら皮は手で剥く。
4. クサヤモロの刺し身。海の匂いがする。
5. 八丈島のくさや。

マルアジ *Decapterus maruadsi*

夏 秋 冬

マルアジ（刺し身）

1. マルアジ、大きさは全長 30 cm。相模湾では青アジと呼び、ムロアジの仲間を代表する。
2. 数多い小魚の処理は工程ごとにまとめてやる。ウロコを掻きながら頭部を落として腹ワタを出すまでが1工程だ。マルアジのウロコは、雪のように積もる。
3. 水洗いして水気を拭き取る。
4. 3枚に下ろして腹骨を切り取る。血合い骨は残してかまわない。
5. 新聞紙やザルに並べたら、均等に塩を振る。
6. 昆布を敷いた生酢に浸して30分、皮を剥いた瞬間が食べごろだ。各自で皮を剥きながら酒を酌み交わす、至福の時間だ。

アイブリ *Seriolina nigrofasciata*

1 関東以南の中層に群れをつくらず遊泳する。全長40cm。アイブリは汚れたようにも見える。

ブリモドキ *Naucrates ductor*

2 本州以南の温帯地域にすむ。全長50cm。ブリモドキは大型魚を先導するように泳ぐから、英名をパイロットフィッシュ。

スズキ目スズキ亜目アジ科アイブリ属（1種）／ブリモドキ属（1種）

アイブリ・ブリモドキ

刺し身、塩焼き、酢みそ和え、みそ漬け、煮つけ

　双方とも1属1種。名はブリではない、という意味だろうか。市場でもバカにされるイメージで、精彩に欠ける。アイブリの斜走帯はぼやけた感じで、漁場でさえ新鮮に見えない。ブリモドキの横帯はゼブラのようにくっきりして、それが災いしているのか魚と違う動物を連想してしまう。

　珍しい魚ではないが、街の魚屋にはまず並ばない。魚は引き締まった筋肉が好まれ、触ってボヤッとしていたら嫌われる。ところが、柔らかい身をしてうまい魚は、けっこう多い。ぶよぶよのスマ（やいと）5kg物に大当たりしたこともあるが、アイブリには外れがない。

　柔らかさは筋肉の水分より、脂の性質なのだろう。クタッとした身を舌にのせると、甘みは溶け出るように口に広がる。アイブリもブリモドキも優しい味わいが身上だ。

アイブリ・ブリモドキ（刺し身、塩焼き、酢みそ和え、みそ漬け、煮つけ）

③ 3枚に下ろしたら血合い骨を切り取り、皮を引く。
④ 厚みがあっておいしい皮は竹串に巻いて塩焼き、刺し身に添える。
⑤ アイブリの刺し身は、酢みそに和えると万人向け。
⑥ みそ漬けにすると、なにかと重宝する。
⑦ カマなどの頭部は、塩焼きがおすすめだ。
⑧ 薄味の染みこんだ煮つけも、たまらない。

ハマフエフキ *Lethrinus nebulosus* 夏 秋 冬

① 千葉県以南にいて港内にも入り込む。全長 90 cm。写真は成魚になりかけのハマフエフキ。

■ 下処理

② ウロコを落とし、腹ワタを出して水洗い。頭部は胸ビレ際から肛門にかけて大きく落とす。
③ 固い頭部を開くのは、慣れないと危険。包丁だけでなく、小道具を使う。

スズキ目フエフキダイ科フエフキダイ属（19種）

ハマフエフキ

刺し身、カブト焼き

　メイチダイ属のサザナミダイに似るが、ハマフエフキは全長1mになる。悠々として好奇心が強く、小さな港の中まで入り込む。季節は夏。釣り人は「夜の帝王」と尊称する。そんな大物は、すっかり姿を見せなくなったとも聞く。

　フエフキダイ科の魚はメイチダイ属を含め、すこぶるうまい魚の集まりだ。私は初めてハマフエフキを食べたときの感動を忘れない。上等な白身の形容詞でもあるタイやヒラメのおいしさとは次元が違った。シロダイやメイチダイすらあまり知られていなかったから、超高級魚になる仲間はさらに増えるかもしれない。

　フエフキダイの仲間は、漁業で捕獲される数が少ない。岩礁地帯を住みかにするため網が掛けられないのか、ヤツらの頭がいいのか。もっぱら釣り人の特権魚なのに、彼らはハマフエフキを磯臭いと言う。釣り味が良すぎて食味評価が低いとは、残念なことだ。

ハマフエフキ（刺し身、カブト焼き）

4 3枚に下ろし、サク取りしたら皮を引く。
5 皮は湯通して、冷水に取る。
6 サクを刺し身に削ぎ切る。

■ **刺し身**

■ **カブト焼き**

7 ハマフエフキの刺し身。

8 ハマフエフキのカブト焼き。

サザナミダイ *Gymnocranius grandoculis* 夏 秋 冬

1 生息域は鹿児島県以南とされるが、相模湾にも入り込む。全長80cm。

■ 下処理

2 ウロコを取りながら腹ワタを出し、水洗いする。
3 3枚下ろしは背ビレ際から包丁を入れる。

スズキ目フエフキダイ科メイチダイ属（6種）

サザナミダイ

刺し身、煮つけ

サザナミダイ（刺し身、煮つけ）

　フエフキダイ科には、おいしい仲間が多い。中でもメイチダイ属は、近年すっかり高級魚になった。フエフキダイ属は釣りで人気があっても、市場の知名度が低いようだ。しかし大型のハマフエフキなどを味わうと、魚味の底力に降参してしまう。

　サザナミダイは、体長の詰まったハマフエフキのようだ。体長60cmを超えて厚みもあれば、立派な姿である。南方系の魚で、相模湾の定置網に入るのは珍しい。名前が判明して料理にかかると、魚料理人ならわかると思うが、包丁が喜ぶとはこのことか。素材のおいしさが、食べずとも明らかである。固く締まった白身の、きめ細かな脂が包丁に絡みつくのだ。辛抱たまらず、1切れを口に含む。塩もしょう油も、不要であった。

第1章 魚類 31

サザナミダイ（刺し身、煮つけ）

4　腹側から中骨に沿って、左右の片身を下ろす。
5　片身から、腹骨をすき切る。

■ 刺し身

6　血合い骨を切り取って、片身を2本のサクにする。
7　刺し身は皮を引かず、削ぎ切りにしてもいい。
8　サザナミダイの、輝く白身をご賞味あれ。

■ 煮つけ

9　頭部は、カマ部を大きくとって落とす。
10　頭部は、甘辛に煮つける。

ハチビキ *Erythrocles schlegelii* 冬

1 青森県以南の水深100〜350mの岩礁域にいて、全長37cm。最大で50cmを超える立派な魚だ。

■ 下処理

2 ウロコを取ったら腹ワタを出し、水洗いしたら水気をしっかり拭き取る。

3 エラ孔から包丁を入れ、頭部を落とす。

ハチビキ：スズキ目ハチビキ科ハチビキ属（3種）
ロウソクチビキ：スズキ目ハチビキ科ロウソクチビキ属（2種）
アオチビキ：スズキ目フエダイ科アオチビキ属（1種）

ハチビキ・ロウソクチビキ・アオチビキ　あら煮、刺し身、押し寿司

　ハチビキは身が赤いので、漁師は赤サバと呼ぶ。チビキの語源も赤いために「血引き」とされるが、別種に白身のアオチビキがいる。魚名の由来は、不確かなものが多い。方言も入れたら、ハマダイもチビキと呼ばれる。

　チビキ名のある魚を3種揃えたが、種が違えば味も別モノだった。ハチビキは立派な姿をしているが、市場価値の低い魚だった。身が柔らかいため、日保ちがしなかったからだろう。近年においしさが認められてきたのは、流通機構や鮮度管理が発達したからだと思う。全身にのる脂はぽってりとして甘く、料理を選ばない重宝な魚だ。塩は身を引き締め、酢は脂のくどさを緩和する。ならばここは、寿司でいきたい。

　ハチビキもロウソクチビキも、アオチビキもまだ高級魚とは呼べない。魚屋で見つけたら、1匹丸ごと買ってみよう。下処理をすばやく完璧に済ませれば、どんな魚も少しは日保ちをしてくれる。

■ あら煮

4 胸ビレ際から、カマ部を切り取る。

5 頭部とカマ部は適宜に切って、あら煮にする。

■ 刺し身

6 ハチビキの刺し身。3枚に下ろした身は皮を引き、1時間ほど昆布に挟む。昆布の塩分が、身をほどよく引き締めてくれる。

■ 押し寿司1

7 3枚に下ろした身を皮を引かずに、塩をして1時間おく。塩を酢で洗い、昆布を敷いた生酢に2〜3時間漬ける。

8 片身の長さを成形したら、面に包丁目を入れ、押し寿司の木枠に皮面を下に寝かせる。

9 寿司飯を詰め、木枠の蓋で力いっぱい押す。

10 木枠を引き抜いたら天地を逆にして、板からは包丁で外す。

11 ハチビキの押し寿司。食べやすい大きさに切る。

■ 押し寿司2（木枠がないとき）

ハチビキ（あら煮、刺し身、押し寿司）

⑫ 皮を引いた片身を、昆布でしっかり包んで3時間置く。
⑬ 巻き簾の上にラップを敷いて、寿司飯に薄切りの身を包んで巻く。
⑭ 木枠のいらない押し寿司だ。

コラム ― ビーカーウーロンハイ ―

　古来より料理は特別な催し事であり、日常の生活とは縁遠いものであった。メシのおかずは菜肴（なざかな）で、酒のアテは酒菜（さかな）である。魚の呼び名は両方に通じるから、深い意味があるに違いない。

　私はビール一杯でも、酒がないと飯モノが咽を通らない。思いがけなく、うめぇモンを口にすれば酒屋に走らずにいられないのだ。春夏秋冬の山野菜と、海から躍り出たばかりの魚である。つまり、生命の味覚なのだろう。私は押し寄せるような健康を享受するより、恍惚と酔いしれたいのかもしれない。

　そんなとき、小さなお猪口では間に合わない。コップは手ごろな花瓶になり、人が集まるとラーメン丼でウーロンハイを回し飲みした。氷を底までガッツリと入れ、ウーロン茶は8分目まで。甲類焼酎をたっぷり注いだら、指で数回かき混ぜて口から近づける。氷が溶けて水っぽくなったら、焼酎を注ぐ繰り返し。

　独り用は試行錯誤して、行き着いた杯が料理用のメジャーカップ500ccだ。人よんで、ビーカーウーロンハイである。仲間うちで流行だし、同メーカーものを50個も買っただろうか。うまい魚に出会うと、料理中こそ飲まずにいられない。酒も酒菜もゆったりとあって、私は満たされる。

ロウソクチビキ *Emmelichthys struhsakeri* 冬 春

1. ロウソクチビキは全長27cmほど。第1と第2背ビレの間に2〜3本の小さな棘がなければトゲナシチビキ。
2. 小さな魚は右身を刺し身にして、左身を塩焼きにするといい。魚は背側から見て、頭の右側が右身になる。姿で皿に盛るときは、左向きが基本だ。

アオチビキ *Aprion virescens* 冬 春

1. アオチビキは全長70cmを超える。フエダイ科のハマダイに近縁で、仲間にオオクチイシチビキもいる。
2. アオチビキの塩焼き。引き締まった白身がおいしい。

アカイサキ *Caprodon schlegelii*

夏 秋

① 関東以南のやや深場にすむ。全長35cm。アカイサキの雄の体表には、黄色斑が不規則に走る。雌は全体に赤く、背ビレ側に数個の暗色斑が並ぶ。
② アカイサキの姿造り。刺し身に姿がなければ、アカイサキとは気づかないだろう。姿造りが似合う魚だ。

スズキ目スズキ亜目ハタ科アカイサキ属（1種）／ハタ科シキシマハナダイ属（1種）

アカイサキ・シキシマハナダイ

姿造り

　大魚のイメージ強いハタ科だが、サクラダイやシキシマハナダイなど小さなハタ科にも種が多い。ハナダイと呼ばれる、赤い魚たちだ。アカイサキは30cmほどで、北限は相模湾だろうか。定置網に珍しくないが、忘れたころに数匹の姿を見る。

　日本魚名は、魚種の指針にならない。例えばアカムツはムツ科ではなく、ホタルジャコ科。アカイサキもイサキ科と違って、混乱する人が多い。姿は立派なのに、市場では偽イサキ扱いで格を落とす。夏場に旬を迎えるイサキに比べ、脂っ気がないからだろうか。ならば、さっぱりした清涼感を愛でて欲しい。赤い体に不規則な黄色線が走るから、遠目でもアカイサキとわかる。居酒屋のネタケースに見つけたのは、真夏の昼下がり。品書きを仰ぎ見ると、姿造りの信じられない安値である。生ビールと味わうアカイサキの刺し身は、潮風が吹き抜けるようであった。

　都会に突然、海がひらけたのである。

アカイサキ・シキシマハナダイ（姿造り）

シキシマハナダイ *Callanthias japonicus* 冬

1. 関東以南のやや深場にすむ。全長20 cm。ハタ科のハナダイ亜科に似るが、スズキ目である。名にハナダイとあるから、魚名はややこしく混乱する。
2. 雄は雌を誘う瞬間だけ、腹ビレを白くする。全長30 cmに達するようだ。
3. シキシマハナダイの姿造り。色鮮やかな魚は、料理にも色を見せたい。刺し身は皮面を湯引きして姿造りにすると、1皿が華やぐ。

1 関東以南にいて群れをつくる。全長 20 cm。ワキヤハタは尻ビレの基底が長い。

1 関東以南の太平洋側に多い。全長 25 cm。ワキヤハタとの見分けは難しい。

スズキ目スズキ亜目ホタルジャコ科オオメハタ属（4種）

オオメハタ・ワキヤハタ

刺し身、塩焼き

　ムツ科ムツ属にクロムツがいて、ホタルジャコ科にアカムツと、俗に白ムツと呼ばれるオオメハタの仲間がいる。白銀色をしているから白ムツなのだろうが、黒と赤に比べると白の市場価値はかなり落ちる。

　オオメハタの仲間にワキヤハタがいて、よく似ているから混同される。全長 20 cm を超えたらワキヤハタ、オオメハタは 15 cm ほどで小さいが、相模湾では最も多い。群れるから、定置網では常連だ。魚屋では白ムツで、小さく塩焼き用なんて書いてあるが、関東人にはアカムツ（のどぐろ）ほど馴染みがない。オオメハタの仲間には、アカムツほどの力強いうまさはない。引き締まった白身の1切れを噛みしめて、肩の凝らない安心感。特筆するなら主張をしない、控えめな姿勢こそが味わいだ。魚と語るなら、塩焼きより刺し身である。

オオメハタ・ワキヤハタ（刺し身、塩焼き）

■ 下処理

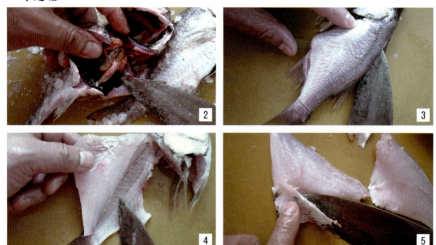

2 ウロコを落としながら、エラと腹ワタを出して水洗いする。
3 胸ビレ際を背骨まで切り込み、背ビレ際に包丁目を入れる。
4 腹側から、中骨に沿って片身ずつ下ろす。
5 腹骨を切り取り、血合い骨は抜く。

■ 刺し身

6 引いた皮は、竹串に巻いて塩焼きにする。
7 オオメハタの姿造り、皮の塩焼き添え。

■ 塩焼き

8 塩焼きは、尾ビレが焦げないようにアルミ箔を巻く。
9 オオメハタの塩焼きは、万人向けのおいしさだ。

オオニベ *Argyrosomus japonicus*

1 関東以南にいるが、大物は少ない。全長1.2m。オオニベの80cmは、相模湾で珍しい大物だ。

■ 下処理

2 エラを切ったら、内臓を傷つけないよう慎重に腹を開く。

スズキ目ニベ科（10属17種）オオニベ属（1種）／シログチ属（2種）

オオニベ・シログチ

刺し身、鍋、煮つけ

　ニベ科ニベ属のニベとコイチ、シログチ属シログチは一般に石持（いしもち）と呼ばれる。耳石が大きいからだが、コイチは関東地方にいない。文献では全長181cmというオオニベは別格だが、幼魚なら石持と見間違うかもしれない。

　関東では白銀色のシログチが見慣れ、ニベはちょっと色濃い石持だ。船釣りではシロギスの外道で、あまり喜ばれていない。嫌う理由が、水っぽいとはどうしてだろう。20cm以下なら、開き干しにするといい。干すことで幼魚特有の水っぽさが消え、うまみも強まる。数が釣れる魚だから、冷凍にして重宝この上ない。

　オオニベの本場は、宮崎県だろう。種苗生産に成功して、養殖や放流事業も盛んと聞く。料理の特徴は、内臓（腹ワタ）も余すことなく使うこと。特に浮き袋は膠（にかわ）質が強く、建築業界で珍重する強力な接着剤、ニベ膠の源である。商談や恋心をあっさり断られることを「にべもない…」という、あのニベのことだ。膠は凝縮されたゼラチン質、鍋に溶け込んでも身と心を癒やしてくれる。

オオニベ

3 小腸や胆のうは捨て、浮き袋と胃袋は開いて洗う。肝臓と心臓も、鍋用に取り置く。
4 取り置いた内臓は、湯通して水気を切る。
5 引いた皮も、湯通して取り置く。

■ 刺し身

6 オオニベの刺し身には、細切りにした内臓や皮を添える。

■ 鍋

7 鍋料理にも肝や皮は欠かせない。

シログチ *Pennahia argentata*

1 シログチは 20〜30 cm。

■ 下処理

2 腹を開くと、浮き袋は背骨に張りついている。
3 浮き袋を外したら、胸ビレの際で頭部を落とす。
4 3枚に下ろしたら、腹骨は厚く削ぎ切って皮を引く。頭部を2つ割りすると、白い耳石が2個転げ出る。

■ 刺し身

5 シログチの刺し身。水っぽいとは、扱いと鮮度の問題だ。

■ 煮つけ

6 腹骨とカマ部は、薄味で煮る。

ヒゲダイ *Hapalogenys sennin*

1. ヒゲダイ。関東以南の大陸棚砂泥域にいて、全長30〜40cm。真っ黒い体は、見るから筋肉質だ。
2. よく見て、引っ張り出せばヒゲであった。

スズキ目イサキ科ヒゲダイ属（4種）

ヒゲダイ・ヒゲソリダイ

刺し身、塩焼き

　ヒゲダイには名の通り、あごヒゲが生えている。ヒゲソリダイはきれいさっぱり、床屋帰りの清潔感が漂う。同じ仲間とはいえ、おもしろい名をつけるものだ。ほかの2種は、セトダイとシマセトダイ。縞模様が縦と横だけの違いで、名づけの意味はよくわからない。いずれも関東以南の、暖海を好む魚たちである。

　季節回遊をするようで、相模湾には黒潮の近づく秋ごろから定置網でよく見る。単独行動のヒゲダイは大型で40cmくらい、群れるヒゲソリダイは30cm前後が多い。イサキ科の魚は骨が固く、ヒレなどは釘のように尖っているものが多い。ヒゲダイは真っ黒な体で、ウロコも固いから損をしているのだろう。おいしい白身の持ち主なのに、世間の知名度はないに等しい。

　とはいえ、ヒゲダイは高級魚になった。美味しさを知った料理人が、珍魚扱いで値を上げたに違いない。それもよし。いっときの需要に応えられるような漁業現場ではないから、いずれまた平穏な価格に落ち着くのだろう。めっけモン！　おいしさは魚に限らず、探す道中も味のうち。

ヒゲソリダイ *Hapalogenys nigripinnis*

秋 冬

③ ヒゲソリダイは青森県以南の大陸棚砂泥域にいて、全長20〜30cm。なぜか、サッパリ感が漂う。

■ 下処理

④ 固いウロコは、流水を落としても飛び散る。
⑤ エラを切って腹を開いたら、内臓を傷つけないように取り出す。
⑥ 頭部は、胸ビレの際から落とす。
⑦ 3枚に下ろした身は、血合い骨を切ってサク取る。刺し身は、皮つきのままなら湯引きする。

ヒゲダイ・ヒゲソリダイ（刺し身、塩焼き）

■ 刺し身

⑧ 皮を引いた刺し身。胃袋や浮き袋なども無駄にせず、湯引きして添える。

■ 塩焼き

⑨ 頭部は2つ割りして、塩焼きにする。

コラム　—魚に合うビール—

　個人の嗜好とはいえ、逃げ出したくなるような食趣味の持ち主がいる。脂っこい豚骨ラーメンで日本酒、生ビールを盃で飲むようにちびちびやるヤツ。食事中にタバコを吸われては、論外だ。

　「ヒトは都会派するほどドライを好む」とは開高健の弁。つまり、スピリッツ（脳髄）に刺激が欲しくなるのだろう。日本酒について言えば、皿ではあらずの盃でちびりちびりと咽にころがすものだった。その時代「のど越し」なんて言葉は、別の意味だったに違いない。味覚も嗜好も、時代を迷走する。

　ビールは炭酸とアルコール度数を高めたドライ系がもてはやされたおかげで、発泡酒との境が曖昧になったように思う。本物をいくら訴えられても、ノドと懐具合は安易に走りたい。つまるところ現代は、安いカネの内に妙味が存在する。高級芋焼酎は嗜好家が抱えればよし、高級ウヰスキーだってハイボールで起死回生を企てる。

　魚に合うビール、というテーマを与えられたが、世界には様々なビールがある。魚の味を偽りなく鮮明にさせてくれるビールは、ヘビーボディーよりライト。魚に白身や赤身があっても、日本のビールはどれもうまく出来ていると私は思う。

カワビシャ　*Histiopterus typus*
テングダイ　*Evistias acutirostris*

秋冬

① 写真左（やや小型）がカワビシャ。関東以南にすむ。全長35cmで、背ビレ前方の棘が非常に長い。写真右がテングダイ。関東以南にすむ。全長50cmで、横縞がはっきりしている。両者とも突き出たアゴ下にヒゲが発生する。

■ 下処理

② 固いウロコは、表面が乾かないうちに掻き落とす。

③ エラと腹ワタを出したら、血合いを切って水洗い。

スズキ目カワビシャ科カワビシャ属（1種）／テングダイ属（1種）

カワビシャ・テングダイ

塩焼き、煮つけ

　人目をひく奇抜な姿は、水族館にいそうである。体は扁平でやや菱形、数本の横縞より口先の出っ張りが特徴だ。カワビシャの語源は諸説あるようだが、テングダイは天狗の鼻を意味している。熱帯の魚と思われそうだが日本各地、やや深場の岩礁地帯を住みかにする。相模湾の定置網でも珍しくないが、魚屋には並ばない。世間で知られる魚も、切り身でしか売れない時世だ。風変わりな魚は、水族館だから安心できる。

第1章　魚類　47

■ 塩焼き、刺し身

4 塩焼きを姿で見せたければ、右側の片身を下ろして刺し身にする。

5 刺し身を姿造りにするなら、3枚に下ろす。どちらも引き締まった、上品な白身が身上だ。

■ 煮つけ

6 引き締まった上品な白身に、濃い味つけは禁物。昆布と淡口しょう油で、すばやく煮つける。

7 煮冷ました味も、捨てがたい。うまみが凝縮するからだろう。

　カワビシャ科にはツボダイもいて、おいしいと思いながら食べているに違いない。なぜなら多くは、頭部を落とした冷凍で出回るからだ。顔も名前も告げられない魚食なんて、つまらないと思う。

　カワビシャとテンダイもとてもおいしい魚だが、身が薄いため可食部が少ない。こういう魚は片身を刺し身に、片身を塩焼きにするといい。頭部は腹部まで大きく落として、煮つける手もある。魚は1匹で買うと、様々に楽しめる。

　魚は左向きを基本にして、口側を上、尾ビレ側を下とする。縦縞に見える模様が横縞と表現されるのはそのためであるが、イカ・タコや貝類に至るまで姿勢が定まっている。魚の縞模様は縦横のほかに斜があり、ゴマ散らしも加わって多種多様。名づけるのも大変だと思われる。カワビシャの意味は不明だが、横縞模様より姿形に軍配が上がったと思われる。

マツダイ *Lobotes surinamensis*　夏　冬

① 関東以南にすみ、成魚は尾ヒレが三つ葉に見える。全長1m。写真は、全長60cm程度のマツダイ。

■ 下処理

② 固いウロコは飛び散るのを覚悟して、バリバリと剥がす。

③ エラと腹ワタを取り出し、血合いを切って水洗いする。

スズキ目マツダイ科マツダイ属（1種）

マツダイ

刺し身、塩焼き

　マツカサウオが松笠なら、マツダイは松の木肌であろうか。固いウロコがみっちり詰んで、全体の色合いは老木か枯木。幼魚は枯れ葉に擬態して、流れ藻の中に身を隠すというから納得だ。成魚は最大で1mを超え、筋肉質に盛り上がった体は、古代魚のシーラカンスを見るようである。

　北海道から九州南岸の沿岸表層から、内湾汽水域まで入り込む。珍しい魚ではないが、漁業でもまれに見る程度だ。群れることなく単独行動なのだろう、1匹だけが定置網に掛かっている。甲板に揚げて暴れるのではなく、なにやらいぶかしそうに辺りを見ている様子。小さな目の視線が鋭い。

　引き締まった白身は肉厚で、可食部の多い魚である。数が少ないのは難点だが、マツダイの食味はもっと評価されていいと思う。世間に知られてほしい、筆頭の魚だ。

マツダイ（刺し身、塩焼き）

4 頭部は大きく落とす。

5 3枚下ろしは基本通り。腹骨と血合い骨を切り取ったら、サク取りして皮を引く。

■ 刺し身

6 マツダイの刺し身。個性がわずかに、香りとなって漂う。

■ 塩焼き

7 頭部の塩焼き。食べ応えあり。

スギ　*Rachycentron canadum*　秋冬

1. 全世界の温熱帯海域にすむ。全長1.5m。幼魚の尾ビレは、丸みを帯びる。
2. 背ビレ前方に、小さな鋭く固い8棘が並ぶ。

スズキ目スギ科スギ属（1種）

スギ

刺し身、塩焼き

　暖海を好む魚で成長が早く、養殖魚として脚光を浴びたことがある。2mになることもあり、脂ものっておいしいことから黒カンパチなどの異名もあったが、近年はさっぱり名を聞かない。相模湾に小型は珍しくないが、まれに70cm級が定置網に入る。だれもがコバンザメと思うのは、姿色形から見間違えるのだろう。

　スギとコバンザメは、よく似ている。小判が数本の棘になった違いである。いや未来に、棘が小判に進化するのかもしれない。いずれにせよ、兄弟分には違いないと思う。大魚に追随して泳ぐ習性も、よく似ている。

　スギを市場であまり見ないのは、本州近辺での漁獲量が少ないからだろう。黒カンパチ、トロカンパチの呼び名（水産庁の指導により現在は使用禁止）も、偽カンパチの悪いイメージを招いた。そんなことは、知らん顔のスギが、愛おしい。彼らは太古より、地球の海を謳歌している。

スギ（刺し身、塩焼き）

■ **下処理**

3　腹ワタを出して水洗いしたら、肛門の位置で2等分にする。

4　3枚に下ろして皮を引き、サク取りする。

■ **刺し身**

5　スギの刺し身。味わいに、高級魚の風格あり。

■ **塩焼き**

6　細い尾部は、塩焼きにする。

コバンザメ *Echeneis naucrates* 秋冬

1. 全世界の温熱帯海域にすむ。全長90cm。スギに似た暗色縦帯は、老成すると不明瞭になる。

クロコバン *Remora brachyptera* 秋冬

2. 全世界の温帯海域にすむ。全長16cm。

スズキ目コバンザメ科（3属7種）

コバンザメの仲間

刺し身、煮つけ

　まったく…妙な魚である。なぜここまで、体を特化させても、魚として生きたかったのだろうか。コバンザメは軟骨魚類のサメではなく、硬骨魚類のスズキ目。大きな魚類の腹部に吸着して、身を守るとともに、おこぼれをちょうだいする。この吸盤が楕円形で小判に似ているため、コバンザメの名が付いた。

　吸着力は非常に強く、木製の大きなまな板を持ち上げる。剥がすにはコツがあって、魚を前方へ滑らせるようにする。くっつけるには前方へ滑らせてから、心持ちバックすると、がっちり決まる。

　刺し身にして、煮つけてとてもうまい魚だが、吸盤だけは食えなかった。ゴム靴の底を舐めるようであり、藁を噛むようであり。煮ても焼いても、揚げても…降参。眺めて触って、くっつけて遊ぶにはおもしろい。吸盤を剥ぎ取って乾燥させたが、妙なモンでしかない。

■ 下処理

③ おちょぼ口で、控えめな顔立ちである。大魚の、おこぼれを頂戴しているせいだろうか。

④ 胸ビレの際で頭部を落とし、肛門までを胴部とする。

■ 刺し身

⑤ 刺し身には、胴部を使う。3枚に下ろして、片身から血合い骨を切り取る。

⑥ 甘い脂がたっぷりのった、柔らかい白身だ。頭部を飾ると、一味違ってくるだろう。

■ 煮つけ

⑦ 頭部と尾部の煮つけ。煮汁をよく吸い込むから、塩焼きよりもお勧めだ。

■ 余談

⑧ 吸盤が、重たいまな板を持ち上げた！

ヒレジロマンザイウオ　*Taractichthys steindachneri*　冬

① 関東以南に生息し、水深300mほどに多く群れるようだ。シマガツオより肉厚で、全長60cmになる。尾ヒレ後端が白く透き通る。

シマガツオ　*Brama japonica*　秋 冬

② スズキ目シマガツオ科シマガツオ属（3種）日本近海から北太平洋温帯域に生息し、水深300mほどにいる。全長40cm。

スズキ目シマガツオ科ヒレジロマンザイウオ属（1種）

ヒレジロマンザイウオ

刺し身、塩焼き

　シマガツオ科はリュウグウノヒメを含め、黒銀色をして目がギョロリと大きい。釣り人が一応にエチオピアと呼ぶには諸説あるが、シマガツオよりエチオピアの方が通り名になっている。マンザイウオはその仲間で、ヒレジロマンザイウオは尾ヒレ後端が白く縁取られる。全長80cmになる大型種だ。

　相模湾以南の水深300mにいて、夜間に浮上するのだろう。シマガツオほど見慣れないがまれに定置網にも入る。体幅に厚みがあるから薄っぺらいシマガツオより立派に見える。お笑い芸人のような名は、どこからきたのだろう。大きな特徴はもう一つ、瓦のようなウロコは皮肌にくい込んで剥がれない。こういう魚は、そのまま3枚に下ろして皮を引けばいい。ややピンク色の白身は柔らかく、脂が甘く舌に溶ける。骨格の形状も変わっているが、腹身と頭部は塩焼きにして美味である。

■ 下処理

ヒレジロマンザイウオ（刺し身、塩焼き）

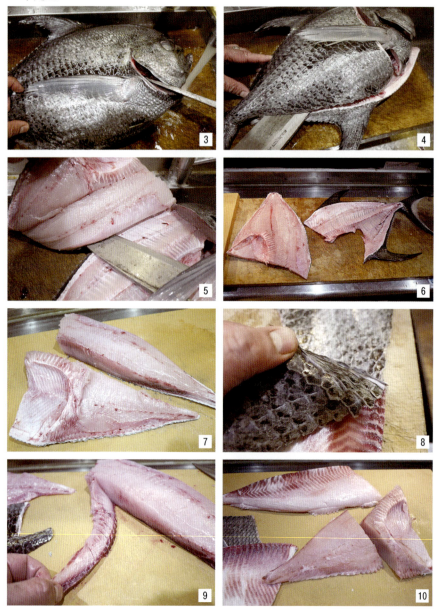

3 エラぶたを開けてエラを切る。
4 腹を開いて洗ったら、胸ビレ際から頭部を落とす。
5 中骨に沿って片身を下ろす。
6 ウロコ皮を付けたまま、3枚に下ろす。
7 血合い骨を背身方に残して、腹身と分ける。
8 ウロコ皮を引く。見つめると、鎧のようだ。
9 血合い骨を切り取る。
10 腹身は2等分に切り分ける。

■ 刺し身

11 刺し身は厚めに、小口に切ると豊かな食感が楽しめる。

■ 塩焼き（腹、頭）

12 腹骨のついた身は塩焼きにする。焼き締めるせいだろうか、濃厚な味わいに目を見張る。

13 頭部も塩焼き。カマの辺りを内側からつつくと、辛口の酒がよく似合う。

クルマダイ（刺し身）

クルマダイ *Pristigenys niphonia* 冬

① 関東以南のやや深場にすむ。全長 23 cm。沿岸の岩礁地帯でも、水深 200 m 付近にすむ。

■ 下処理

② 無理にウロコを剥がさず、3 枚下ろしにする。　③ 腹を開いて水洗いしたら、水気を拭き取る。

スズキ目キントキダイ科クルマダイ属（3種）

クルマダイ　　　　　　　　　刺し身

　真っ赤な体に数本の、淡い横帯がある。20 cm に満たない魚なのに、見るからうまそうなのは体の厚みからだろう。10 cm より小さいと、まるで赤い卵だ。キントキダイ科のキントキは坂田金時（さかたのきんとき）で、鬼退治で有名な金太郎さんのこと。力を出すと燃えるような、真っ赤かになったとか。
　キントキダイ科にはチカメキントキやホウセキキントキなどもいて、共通するのは赤色のほかにウロコが棘状になること。甘みのある引き締まった白身でいて、世間においしさが知られていないのは、触れたときのざらつき感だろうか。真っ赤でも固い鎧のようでは、敬遠されてしまう。
　剥がしづらいウロコは剥がさずに、皮ごと引いてしまえば楽勝じゃないか。今宵、クルマダイは姿造りで召し上がれ。真っ白身の淡い甘みに、魚の優しさが宿っている。

クルマダイ（刺し身）

4 腹側から、中骨に沿って片身を開く。
5 腹骨をすき切る。
6 ウロコをつけたまま皮を引き、血合い骨を切り取る。

■ 刺し身

7 輝くような白身に、きめ細かな脂がのる。

カゴカキダイ *Microcanthus strigatus*

① 本州沿岸の岩礁域にいて、最大で全長20cm。小さくても、体に厚みがあるほどうまい。

■ 下処理

② 細かいウロコは包丁の刃先で落とす。

③ 厚みのある体に火が通りやすいよう、包丁目を入れる。

スズキ目カゴカキダイ科カゴカキダイ属（1種）

カゴカキダイ

塩焼き、煮つけ、刺し身

　魚好きは、水辺を見過ごせない。港の岸壁などは、ついのぞき込んでしまう。黒っぽい子メジナに混じり、白黒の縞模様はイシダイの子、黄色と黒ならカゴカキダイだ。名の由来は「カゴ担ぎ」で、昔は人をのせたカゴを前後2人で担いでいく職業者をカゴカキと言った「彼らは職業がら肩の筋肉が盛り上がるように張っていた（『魚名考』栄川省造）」。と知ったのは、大人になってからだった。

　南方系の魚で20cmになるようだが、関東で15cmもあれば大物だ。水族館で見る

■ 塩焼き

4 家庭用の天火コンロは魚の右側半身を7割がた焼いてから、左側半身に塩を振って焼き上げるのがコツ。尾ビレには、焦げ落ちないようにアルミ箔を巻く。

5 塩焼き。腹の脂が、筋肉に染みこんでいる。

■ 煮つけ

6 煮魚。甘辛のやや濃い味に煮詰めると、飯のおかずにもいい。

■ 刺し身

7 刺し身は、3枚に下ろして皮をひく。

8 刺し身は姿造り。皮も湯引いて添えると、一皿が華やぐ。

チョウチョウウオのようで、意味もなく食べようとしなかったが、漁師町の魚屋で見つけたのだ。手のひら大はぶ厚く太り、木っ葉のように群れる幼魚ではない。
「塩焼きが、うんめぇよ」
オヤジの、声の響きが今も耳に残る。
腹を開くと白いバターのような脂が、胃腸が見えないほど詰まっている。塩焼きは腹を開かず、丸ごと焼くのだった。固く引き締まった筋肉に差し込む脂が、カゴカキダイのうまさの身上なのだろう。煮てもよし、刺し身でなおよし。以来私は食べるために、カゴカキダイを追っている。小さな魚だが、手にした重量感がうまさを保証する。

クロサギ　*Gerres equulus*

① 沖縄の石川漁港の岸壁で、釣れたクロサギ。沿岸の砂底にいて、全長15〜24cm。
② 三浦半島の魚屋で。

スズキ目クロサギ科クロサギ属（13種）

クロサギ

マース煮、干物

　三浦の漁師は「アゴなし」と呼ぶ。アナハゼは「濡れマラ」、鯛はテ、クロダイは「黒テ」、貝は「ケ」、クロアワビは「黒っケ」…etc. 地方名には言葉の簡略形と、見た印象ズバリがあっておもしろい。

　クロサギは15cmほどで、銀白色に輝く美しい魚だ。しかしタチウオに似たグアニン色素は剥がれやすく、つかの間に汚らしく見えてしまう。見慣れなさもあいまって、関東ではまず売れない。クロサギは南方系の魚だ。

　相模湾へは、黒潮に流されるようにやってくる。定置網に群れが入るのは、夏の終わり頃だろうか。選別台からカゴに放り込まれ、再び水氷に浸される。もはや、ウロコの輝きはない。

　「アゴなし、だぁお」

　漁港前の魚屋で、百g30円の札がクロサギだった。

■ 下処理

3 柔らかいウロコを落としながら、腹ワタを出し水洗いする。

4 血合いも切って洗うこと。

■ マース煮

5 昆布または乾燥ワカメなどを鍋に敷き、塩味だけで煮る。

6 沖縄料理のマース（塩）煮は、魚の味を損なわない。

■ 干物

7 腹から開いて、中骨と腹骨を切り取る。
8 かるく塩をして、半日陰干しする。
9 生乾きを焼いて、酒の肴にする。

アカタチ・イッテンアカタチ（刺し身、一夜干し、骨センベイ、丸干し）

アカタチ *Acanthocepola krusensternii* 秋 冬

1 大陸棚の砂泥底にすみ、全長は40cmほど。アカタチは朱色の体側に、黄色い小円斑が並ぶ。

イッテンアカタチ *Acanthocepola limbata* 秋 冬

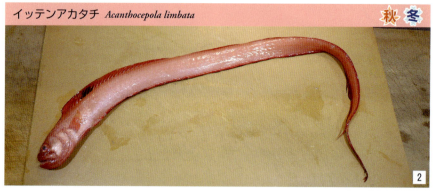

2 水深80〜100mにすみ、全長は50cmになる。イッテンアカタチは普通に見られる。背ビレ前方の1黒色斑が特徴だ。

スズキ目アカタチ科アカタチ属（3種）

アカタチ・イッテンアカタチ　刺し身、一夜干し、骨センベイ、丸干し

　広島では「巫女の帯」と、粋な名で呼ばれる赤く細長い魚だ。アカタチはやや小型だが、背ビレに1点黒斑のあるイッテンアカタチは70cm、胴の太さは5cmを超える。離乳食にも使われ、縁起が良いとされるアカタチの仲間だが、ほとんどの地方に食習慣はない。食べる、なんて言うと関東の漁師は驚きのあまり、目を見開くであろう。

　群れるだけが魚ではない。孤独に遊泳する魚もいて、ときたま漁網に囚われてしまう。それらは例外を除いて、ほとんど商品価値がない。おいしさに関係なく、見慣れないから

■ 下処理

3 特大のイッテンアカタチ。こりゃ、食い応えがありそうだ！

4 頭部を落としたら、わずかな腹部を開いて洗う。

■ 刺し身

5 帯のような魚でも、3枚下ろしは基本通り。
6 皮面を湯引きしたら、即座に冷水に取って水気を拭き取る。
7 雅なアカタチのお刺身は、巫女の帯と呼ぶに相応しい。
8 姿造りで盛り合わせると、大皿が映える。

敬遠されるのだ。アカタチも東京都内の魚屋に並んだら、好奇の目しか注がれないだろう。忙しい漁業者はカネにならない魚などにかまっていられない。魚食の悪循環である。

いろいろな魚のおいしさを伝える魚屋が消えてしまった。喧嘩口調の威勢は、鮮度の悪さをごまかしているだけに聞こえる。ひっそりとした港町で、アカタチを見つけると目を洗われるようだ。

魚屋の親父に「どうやって食べるの？」なんて聞かれたら得意になってしまう。今日は、ハレの日だ。

アカタチ・イッテンアカタチ（刺し身、一夜干し、骨センベイ、丸干し）

■ 一夜干し

9 背開きにする。
10 塩をして一夜干し。
11 アカタチの開きは、酒の肴である。

■ 骨センベイ

12 3枚に下ろして残った中骨はかるく干し、油で揚げて骨センベイにする。

■ 丸干し

13 薄っぺらいアカタチの仲間は、丸干しにするのも悪くない。

タカノハダイ *Goniistius zonatus* 冬

① 本州中部以南にすむ。全長45cm。

■ 下処理

② エラと腹ワタを出して、水洗いする。固くて密なウロコは、無理に剥がさない。

③ 片身の周囲に、包丁目を入れる。

スズキ目タカノハダイ科タカノハダイ属（3種）

タカノハダイ・ミギマキ・ユウダチタカノハ

刺し身、塩焼き、煮つけ

　南日本太平洋側の浅磯にいて、堤防釣りでもよく掛かる。一般的なのはタカノハダイで、次にミギマキ、ユウダチタカノハは少し深場にいるのだろう、漁業現場でまれに見る。タカノハは鷹の羽で、高貴な名のわりに世間の評価は低い。

　悪い意味で言う"磯臭い"魚の筆頭かもしれない。香りの個性が強い魚は多いが、タカノハダイは身近にいるせいだろう。だとしたら悪評を流布したのは釣り人だろうか？

　千葉の漁師民宿で、賄いのおばちゃんと買い物に出たことがある。魚屋の前で「あら、タカッパがあるわ」。見れば1匹が、ぶつ切りになっていて、安くない。晩飯どき、タカノハダイが出てこないから台所をのぞくと家族で食べているのだった。「お婆ちゃんが大好きなのよ」。しわくちゃの笑顔が、そこにあった。

タカノハダイ（刺し身）

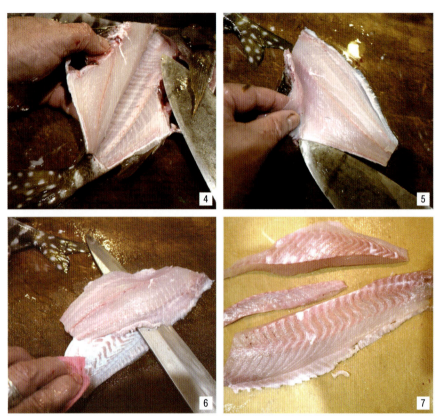

4 ウロコを付けたまま、片身を下ろす。
5 腹骨を切り取る。
6 ウロコを付けたまま、皮を引くと簡単だ。
7 血合い骨を切り取って、サクにする。

■ 刺し身

8 タカノハダイの刺し身。すばやく調理すれば、磯臭いなんて言わせない。

ミギマキ *Goniistius zebra* 冬

ミギマキ(塩焼き)

1 相模湾以南にすむ。全長35cm。赤い唇が特徴だ。
2 タカノハダイが、派手に化粧したような魚だ。

■ 塩焼き

3 塩焼きは姿のままがいい。

ユウダチタカノハ *Goniistius quadricornis* 冬

1. 東京以南の南日本にすむ。全長40cm。名前の由来は斜線が、雨のように見えるからだろうか。

■ 下処理

2. 飛び散るのを覚悟で、ウロコをバリバリと剥がす。エラ元から頭を落とし、胸ビレ、腹ビレ、尻ビレを切り取る。

■ 煮つけ

3. やや斜めに、ぶつ切りにする。
4. 煮つけは、甘辛味のやや濃いめがいい。
5. ユウダチタカノハの煮つけ。千葉の漁師民宿風。

スズメダイ *Chromis notatus notatus* 冬

① 日本海と関東以南の浅い岩礁域にいて、全長5〜10cm。想像するに似た仲間なら「あぶってかも」と同じ扱いなのだろう。

オヤビッチャ *Abudefduf vaigiensis* 冬

② 関東以南の浅い岩礁域にいて、全長5〜17cm。

スズキ目スズメダイ科スズメダイ属（32種）

スズメダイの仲間

一夜干し、背越し

　10cmになるが、相模湾では7cmで大きい方だろう。色彩の派手な仲間が多いから、磯では「熱帯魚が釣れたぁ」などと冗談を飛ばす。スズメダイ属スズメダイは滋味な方だが、光りの当たり具合によっては紫色を帯びる。小魚でも丸々と太り、見るからうまそうではあるが、関東ではまず食べない。
　珍重するのは北九州の福岡、博多辺りだ。食文化は全国に波及して、少しずつ食べられるようになったと思われる。呼び名の「あぶってかも」も、意味不明のおかしさがあって良かった。言われには多種あるが、想像に任せた方がおもしろいだろう。興味がわいて、初めてスズメダイを食べた人もいるに違いない。炙って鴨に似た脂の滴りに驚き、よく噛めば骨までうまいことに気づき…魚っ食いの楽しみを知る。あぶってかもは、エライことをやってくれた。スズメダイの格を上げたのだ。

■ 一夜干し

③ 正統は丸ごとに塩をして、1晩干してから焼き上げる。

④ ウロコも骨も、噛みしめるようにして食べると、うま味がじわ〜っと口に広がるのだ（料理法は家庭によって様々）。

■ 背越し

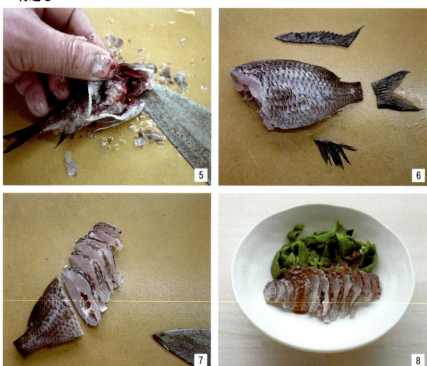

⑤ 応用編はスズメダイの背越し。ウロコと腹ワタを取って水洗いする。
⑥ 頭部は背ビレ際から落とし、各ヒレを切り取る。
⑦ 骨ごと薄切りする。
⑧ スズメダイの背越し。島唐辛子（唐辛子・みそ・しょう油・みりん・焼酎などを和えた伊豆諸島の調味料）がなければ、似た味つけのタレをかけて食べる。

ヒラソウダ *Auxis thazard thazard*

夏秋冬

1 沿岸の表層回遊性で、全長60cm。ウロコの層が胸ビレ後方で急に狭まる。

■ 下処理

2 背ビレ際のウロコから、胸ビレ周辺、腹ビレまでを切る。
3 反対側も同様にして、頭部を落とす。

スズキ目サバ科ソウダガツオ属（2種）

ヒラソウダ・マルソウダ

刺し身、づけ丼、ソバつゆ

ヒラソウダ（刺し身、づけ丼）

　ソウダガツオにはヒラソウダとマルソウダがあって、平（ひら）と、丸（まる）で呼び分ける。彼らは鮮度落ちが早く、もっぱらソウダ節という鰹節に加工された。血合い身に含まれるタンパク質ヒツジンは、ヒスタミン毒素に変化する。ヒスタミン中毒は、血合い身の多いマルソウダで起こりやすい。

　ヒラソウダを好んで生食したのは、もちろんカツオ漁師。ヘタな本ガツオより、ヒラの方がおいしいことを知っているのだ。

　「あぁ〜、ヒラの皮ぁ引いてまったぁおぉ…」。佐島の漁師に、思いっきり罵られたことがあった。得意気に包丁をふるいながら、言葉の意味がわからなかった。ヒラは薄い皮下に、甘い脂がのる。そのうまさは、皮ごと噛みしめた者にしかわからない。以来、私はヒラソウダの皮を引く人を見ると「あぁ〜、やってまったぁおぉ…」と心でつぶやく。ソウダガツオ属のうまさは、知った者でないとわからない。漁場に近い人たちの特権だ。

ヒラソウダ（刺し身、づけ丼）

4 腹ワタを出して血合いを切ったら水洗い。
5 背ビレを抜き取る。
6 3枚下ろしは、中骨に沿って一気に。
7 腹骨を血合い骨を切り取って、サク取りする。

■ 刺し身

8 大きく切り取った血合いは汁のダシにする。
9 刺し身は皮つきのまま、包丁を寝かせて大きく削ぎ切る。

■ づけ丼

10 長ネギとしょう油、皮つきのヒラソウダを手でもみ和える。
11 ヒラソウダのづけ丼。

マルソウダ *Auxis rochei rochei* 秋 冬

12 ヒラソウダより沖合に群れる。全長55 cm。ウロコの層が第2背ビレまで伸びる。

■ ソバつゆ

13 ウロコと頭部を落としたら水洗いして、骨ごとぶつ切りする。
14 たっぷりの水から煮て、アクの浮き上がるのを見つめながら火加減を調整。アクが盛り上がったところをすかさず、すくい取る。沸騰させてはいけない。
15 そのまま自然に冷まして再度火を入れると、骨の髄からうまみが滲み出る。少量のみりん、しょう油で、ソバつゆの味を決める。
16 マルソウダの自家製ソバつゆを味わうと、もう市販物は使えない。

イソマグロ　*Gymnosarda unicolor*

①　相模湾より南方を好み、沿岸の表層を回遊する。全長2mになる。幼魚でも歯並びなど、面構えはイソマグロだ。

■ 姿盛り　　　　　　　　　　■ 姿煮

②　イソマグロの姿盛り。ねっとりした身の締まりは、見て取れるだろう。

③　イソマグロの姿煮。スープに浸った身が口に溶けると、たまらない。

スズキ目サバ科イソマグロ属（1種）

イソマグロ　　　　　　　　　　　姿盛り、姿煮

　日本産のマグロ属はクロマグロ、キハダ、コシナガ、ビンナガ、メバチの5種。中でマグロ名を冠するのは、クロマグロだけである。イソマグロはマグロとあっても、うんと遠縁だ。2mを超えてスピードとパワーがあるから、離島の磯釣りでは超人気魚。ただし食味の方については「脂肪分の少ない淡泊な身は、水っぽく臭みがあっておいしくない」など、良い噂を聞かない。

　南方のもっぱら磯釣りの対象魚だから、持ち帰りの環境にも影響しているのだろう。丁寧に処理したら、まずい魚ではないと思う。ただし、マグロ属ではない。ここはイソマグロを味わうという、心意気が必要だ。

　相模湾の定置網でたまに、ソウダガツオと見間違えるような、小さなイソマグロが捕れる。大物は小笠原諸島から南太平洋を謳歌しているに違いない。水っぽいと嫌われる大魚の幼魚だから、食えたもんじゃないと思うだろう。ところがどっこい、コイツがうまいんだな。扱いを悪くして、魚の味を語ってはいけない。

カマスサワラ *Acanthocybium solandri*

① 写真は1mのカマスサワラ。捕れたての興奮状態は、体の横縞模様が鮮やか。本州の近海から、小笠原諸島の表層を遊泳する。世界中の温帯から熱帯域で見られる、全長2.2mの大魚だ。

スズキ目サバ科カマスサワラ属（1種）

カマスサワラ

刺し身、塩焼き

　釣り人に限らず「沖サワラ」と呼ぶことが多い。全長2mを超える大魚で、ルアー（引き釣り）の好敵手。文豪、開髙健の小笠原そうふ島への釣行がおもしろい。往復に50時間かかって釣ったのは10分間という悲運で、1尾の沖サワラを釣り上げる。波と空しかない光景に、文字が釣り糸のように突っ張っていた。

　市場価値は釣り人気ほど高くなく、サワラ（一般に本サワラ）の化け物扱いだったような気がする。カマス科カマス属のオニカマス、別名バラクーダと混同した気配もある。カマスサワラは優しい顔立ちであり、もったりと厚みのある白身は透き通るように美しい。近年は日保ちの良さもあいまって、料理屋の引き合いが多いと聞いている。刺し身が安くない値段で、魚屋の店頭に並ぶのも近いだろう。

　相模湾では沿岸定置網にも入るが、下魚扱いしていた記憶しかない。水氷のポリバケツに頭から突っ込まれて、高級魚の床には並ばなかった。蒲鉾屋などの加工業者が、安い値で持っていったのだろう。そんな時代が、遠い昔になっていく。カマスは「穀物などを入れる、口の大きな藁むしろ製の袋」（広辞苑）とある。

■ 下処理

カマスサワラ（刺し身、塩焼き）

2 漁港の魚屋で、解体作業は始まった。
3 胸ビレ際から包丁を入れたら、腹を開いて内臓を取り出す。
4 背骨についた血合いを切って、水洗い。
5 背側のヒレ際から包丁を入れる。
6 腹側から、中骨に沿って片身を開く。
7 反対側も同様に、背ビレ際から包丁を入れる。
8 腹側から開いて、3枚下ろしの完了だ。
9 大きな魚は、肛門の位置で切り分ける。
10 腹骨をすき切る。
11 頭部は、エラ口でカマ部と分ける。

12 カマ部を2つ割りにする。
13 胸ビレを切り揃え、カマ部の下処理が完了。
14 胴身の真ん中あたり。1サクでも、どっしりと重い。
15 血合い骨を境にして皮を引き、背身と腹身に分ける。

■ 刺し身

16 刺し身。背身を盛った手前に、腹身を盛りつける。

■ 塩焼き　　　　　　■ 余談

17 カマの塩焼きも食い応えあり。
18 カマスサワラは頭部もバカにできない。

カマスサワラ（刺し身、塩焼き）

第1章　魚類　79

キツネダイ *Bodianus oxycephalus* 秋 冬

① 相模湾以南のやや深い岩礁域にすむ。全長 35 cm。

■ 下処理

② 固いウロコは飛び散るのを覚悟で、バリバリと剥がす。

③ 中骨に沿って、2枚の片身を下ろす。たっぷりとした白身だ。

スズキ目ベラ科タキベラ属（15種）・イラ属（7種）

キツネダイ・イラ

湯引き、姿造り

　ベラ科は日本で34属132種と仲間が多い。タキベラ属ではキツネダイのほかに、キツネベラもいるからややこしい。キツネは口がとんがった狐顔が名の由来、イラは赤い体に1本、黒帯をたすき掛けにしたような模様が走る。

　どちらも姿は威風堂々として、いかにも高級魚に見える。いくら？　と聞けば、店員はイライラした顔つきで○○円…。聞き間違えかと思うほど、安値であった。市場価値は今もかなり低い。

　ベラに限らず、魚食文化は西高東低。関東より関西の人が、いろいろな魚のおいしさを知っている。例えばキュウセン、関西人はあれほど熱狂するのに、関東の魚屋で見ないのはどうしてだろう。イラも関西人は、好んで食べていると信じたい。

　ベラ科の特徴は派手な色彩と、出っ歯面だけではない。これほど真っ白い身が、ほかにあろうか。塩焼きにすると、まさに純白だ。刺し身は皮ごと湯引きにすると、鮮やかな皮色に白身の美しさが映える。

■ 湯引き・姿造り

④ 血合い骨を切り取って2枚の片身を4本のサクにしたら、皮面を湯引きする。

⑤ キツネダイの姿造り。

イラ *Choerodon azurio* 秋 冬

⑥ 南日本のやや深い岩礁域にすむ。全長40cm。

■ 姿造り

⑦ ウロコを剥がさずに、皮ごと引いてしまう方法もある。

⑧ 皮を引いたイラの姿造り。大きな頭部は、煮つけても美味。

タナカゲンゲ（刺し身、鍋）

タナカゲンゲ *Lycodes tanakae*   冬

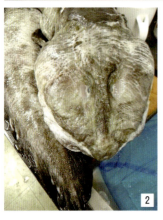

[1] 北国の、寒い季節に似合う魚である。大きくてぶよぶよと扱いにくいが、鍋料理なら簡単だ。ぶつ切りにして、煮込めばいい。皮や胃袋、肝などの副産物が良い味を出すのだ。ゼラチン質の強い魚だから、翌日の煮凝りがまたうまい。婆ぁ面なんて、笑ってはいけない魚である。北海道から日本海沿岸に多く、成魚は1mを超える。
[2] 老成なされたタナカゲンゲ。

スズキ目ゲンゲ科マユガジ属（11種）

タナカゲンゲ
刺し身、鍋

　タナカゲンゲは全長1mで、マユガジの仲間で最大級だ。日本海側の山陰地方を本場として、全国に知られるようになった。老成すると、どこか見たことがあるような、お婆ちゃん顔になることから別名を「ばばちゃん」。郷土料理として、もっと有名になって欲しい魚だ。

　新潟に近い高速道に「道の駅」があって、魚屋は日本海の魚を中心に売っている。何気に顔が合ってしまったのが、ばばちゃん。うらめしそうに見つめられ、正札を見ると安すぎるほど。買う気になると、店員はさらにまけてくれた。きっと、もてあましていたに違いない。

　ばばちゃんを東京海洋大学の馬場治研究室に運ぶと、先生は「ババですから、今日は飲みますか」と訳のわからないことを言う。研究生たちも集まって、ばばちゃん料理は始まった。タナカゲンゲ1尾で、食い応えありの大満足宴会であった。

■ 下処理

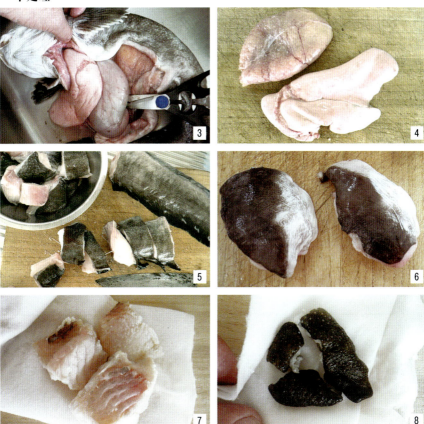

タナカゲンゲ（刺し身、鍋）

③ ぶよぶよした腹は、ハサミで開くといい。
④ 肝と卵巣は取り置く。
⑤ 水洗いしたら、ぶつ切りにする。
⑥ 頬肉も切り取って、鍋に入れる。
⑦ 肛門周りの厚い身は、皮を引いて湯引きする。
⑧ 引いた皮も湯引きして、水気を拭き取る。

■ 刺し身

⑨ タナカゲンゲの刺し身は湯引きして、皮も添える。

■ 鍋料理

⑩ 鍋料理はしょう油味にして、少し甘めにするといい。

ミシマオコゼ *Uranoscopus japonicus* 冬 春

① 水深35〜263mにすむ。全長28cm。

メガネウオ *Uranoscopus bicinctus* 冬 春

② 水深100m似浅の砂礫底にすむ。全長30cm。メガネウオも同じ仲間だ。

スズキ目ミシマオコゼ科ミシマオコゼ属（5種）／アオミシマ属（1種）

ミシマオコゼの仲間

刺し身

　オコゼの「おこ」は『おろかなこと。ばか。たわけ』とある（広辞苑）。魚名考（栄川省造）には『形の奇怪にして容姿醜くきをいう』とあり、ミシマオコゼは三島遊女のこととは手厳しい。オニオコゼはその容姿に反して美味の超高級魚だが、ミシマオコゼの仲間は別種で、市場でも偽オコゼ扱いだ。

　通常は海底の砂に潜り、目と口だけを出して小魚を狙うからだろう。上向きの顔立ちが、いかにも滑稽に見える。仲間はどれも同じようで、頭が岩のように重たく固い。ヒレ際には釘のような棘があるから、注意が必要だ。その頭部さえ落としてしまえば、料理はいたって簡単。刺し身には胃袋と皮、肝も湯引いて添える。市場でバカにされるだけの安い魚が、豪華に変身すること請け合いだ。相模湾ではミシマオコゼが多く、アオミシマとキビレミシマが続く。最も美味とされるサツオミシマは、非常にまれである。市場価値は、もっと上がっていい魚だ。

アオミシマ *Xenocephalus elongatus* 〔冬 春〕

③ 水深35〜475mにすむ。全長40cm。アオミシマも30cmほどだが、ほかの仲間より細く見える。

■ 下処理

④ 包丁の刃先でウロコとヌメリを落としたら、エラと腹ワタを出して洗う。
⑤ 頭部を落としたら、3枚下ろしは基本通り。
⑥ 皮を引いたら、片身の血合い骨を切り取る。

■ 刺し身

⑦ 左右の片身は4本のサクになる。皮と胃袋、肝は湯引きして刻み、刺し身に添える。
⑧ アオミシマのお造り。

ネズッポの仲間（天ぷら、関東煮）

ネズミゴチ *Repomucenus curvicornis* 秋 冬 春

① 内湾の浅い砂底にいて、全長17cm。数の多さから、似た仲間の代表格だ。

■ 下処理

② 頭を左向きに置く。

③ 背ビレの後方を持ち上げて、つけ根をやや深めに切り進む。

スズキ目ネズッポ科ネズッポ属（8種）

ネズッポの仲間

天ぷら、関東煮

　多く見られるネズミゴチを筆頭にして、みな似たような格好だから料理法も同じ。だがその中で、ヤリヌメリだけは要注意！　悪臭を発して中毒の恐れがある。すると食用可のネズッポ類は7種ということになる。

　関東で「めごち」、関西で「がっちょ」、地方名が多いのは身近な魚だからだ。浅い砂地にいて、釣りエサを落とすとギロリと目を動かし、ツツッと近づいてくる。子供のころの海が、そこに見える。母も料理を嫌ったからだろう、ネズッポが天ぷらのタネで高級魚と知ったのは、東京に出てからだ。

　魚屋のすばやい手の動きを何度も反芻して、ネズッポの下ろし方を覚えた。大げさのようだが、動きは単純なほど体に覚えさせなくては、覚えられない。

ネズッポの仲間（天ぷら、関東煮）

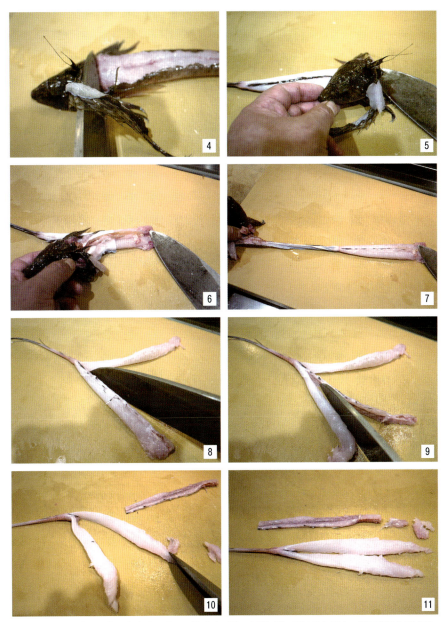

4 後頭部まで来たら包丁を直角に立て、腹皮を残して背骨を切る。
5 魚を腹側に返したら背骨を包丁でしっかり押さえ、左手には頭をつかむ。
6 最初はゆっくりと頭を引っぱり
7 肛門まで来たら一気に剥がし取る。
8 中骨に沿って片身を離す。尻尾の部分は残す。
9 片側も同様にして片身を離す。
10 中骨を尻尾の位置で切り離して、腹骨を切り取る。
11 松葉下ろしの出来上がり。

ネズッポの仲間（天ぷら、関東煮）

■ 天ぷら

12 天ぷらに揚げる。

■ 関東煮

13 めごちの関東煮は腹も丸ごとで、甘辛煮の極意だ。

コラム ― 服装 ―

　魚は家庭の台所でも、姿から扱うことがあると思う。生きていなくても、首に包丁を入れたら血がほとばしる。ウロコは飛び散るし、腹ワタを出す作業もきれい事ではない。それらの洗いを済ませたら、周囲を改めて掃除しなおして3枚に下ろし、皮を引いて刺し身になるのだ。

　汚れることの多い下ごしらえは近年、魚屋さんがやってくれる。プロの衣装は胸までを被うゴム製前掛けである。下ごしらえを済ませたら水をかけてタワシで洗い、布製の割烹着に着替えるわけだ。板前の白衣は清潔の象徴であり、生き物を食物への司りを自負する。とは言え、実態は自身が汚れないこと、恰好づけでしかないが、それでもいいと思う。

　私は普段着に、胸までのエプロンをする。魚料理に限らず、食材は服や足元に飛び散るものだ。エプロンは、けっこう汚れる。お気に入りのシャツを着ていたときは、助かったと思うこともしばしばである。母親が昔に着ていた白い割烹着が、今になって完璧な料理衣装だったと思う。長袖口がゴムで、背側は2箇所のヒモ締め。腹側には、がま口財布の入るポケットが左右にあった。

近年流行のカラーエプロン。

下ごしらえ用の、ゴム製前掛け。

アイゴ　*Siganus fuscescens*

冬

[1] 本州以南の岩礁域に群れる、暖海性の魚だ。全長10〜25 cm。ウロコはないがヌメリを水洗いする。背ビレ、腹ビレ、尻ビレの棘に毒があるので、ハサミで切り取るなど注意しよう。

■ ゼンマイの煮つけ

[2] アイゴの腹ワタは、いわゆるクセの真骨頂。これをゼンマイと称し、好んで食べる地方が四国にある。糞を大ざっぱに絞り捨てたら、甘辛に煮つける。硬派な香りが、酒の肴にたまらなくいい。緑色の胆のうは俗にいう苦玉で、食べない。

スズキ目アイゴ科アイゴ属（12種）

アイゴ

ゼンマイの煮つけ、白子ポン酢、真子の塩辛、マース煮、姿造り、握り寿司

　南方系の仲間うちでアイゴだけ、北限が青森県。食習慣のない土地、特に関東では嫌われる。東京を中心とした一帯は、魚の個性である香りをクセと称して寄せ付けない。聞き覚えのあるタイやヒラメだけを食える魚とするから、困ったものだ。

　日本でタイ名のつく魚は300種に近いが、スズキ目タイ科は10種ほどしかない。あやかりタイと比喩される所以だが、アイゴもアイゴダイなら様子が変わったのか。いや、ニザダイやタカノハダイは三の字、三公、たかっぱ、などと呼び捨てだ。関東人は魚の個性をよしとする、魚の食べ方を忘れてしまったようだ。

　瀬戸内の室津漁港は、地元人で賑わっていた。「今日はバリがありよるでぇ！」。10 cmに満たないアイゴがカゴに跳ねていて、安くない。

　「炊いて食うと、うまいなぁ」。競うように買われていく光景を、私は見つめていた。魚の格は、ところ変わると豹変する。

アイゴ（ゼンマイの煮つけ、白子ポン酢、真子の塩辛、マース煮、姿造り、握り寿司）

■ 白子ポン酢

3 白子（精巣）を見つけたら大当たり。生のまま、ポン酢しょう油でいただく。

■ 真子の塩辛

4 真子（卵巣）は、ほぐして塩と酒に漬け、塩辛にする。

■ マース煮

5 昆布と塩だけのマース煮は、沖縄名物のアイゴ料理。

■ スクガラス

6 幼魚を塩漬けにしたスクガラスは、豆腐にのせて食べる。これも沖縄名物。

■ 姿造り

7 魚好きの基本は、やっぱり刺し身。3枚に下ろしたら血合い骨を切り取って、片身を2本のサクにする。

8 皮面を焼いた姿造りに、ゼンマイ煮を添える。真子の塩辛は、刺し身のつけダレにしても乙な逸品。

■ 握り寿司

9 上級者好みはアイゴの握り寿司。たまらんなぁ…。

ニザダイ *Prionurus scalprum* 冬

① 宮城県松島湾以南から台湾にすむ。全長 40 cm。写真は、伊豆諸島青ヶ島で、釣り人が捨てるところだったニザダイ。

② 危険な骨質板。釣り人は大きな3つを数えて「三の字」、「三公」と呼ぶ。

スズキ目ニザダイ科ニザダイ属（1種）

ニザダイ

刺し身

　嫌われる原因は匂いと、尾柄部に並ぶ非常に危険な骨質板だろう。黒色斑に隠れるそれは3～4つで、成長すると上部で円形に開く。外科医が使うメスのように切れることから、英名を Surgeonfish（外科医の魚）。知らずに暴れるニザダイをつかむと、大怪我をする。外科医行きは、間違いない。

　腹を開くとわかるが、磯魚の多くは腸がとぐろを巻かないと収まらないくらいに長い。消化の悪い、雑多なものを食べるからだろう。それらは匂いの原因となって、嫌われる。危険な箇所は切り捨てればいい、腹ワタが匂うなら傷つけないよう取り出せばいい。それでも白身に、匂いはわずかに残る。それが、ニザダイの個性じゃないか。いろいろな魚を食べる楽しみは、魚の個性を味覚と嗅覚で発見することにある。好きになると匂いではなく、香りと言いたくなるのは不思議だ。

■ 下処理

3 尾柄部は切り捨てる。
4 腹ワタを傷つけないよう注意して、エラと一緒にそっくり取り出す。血合いを切って、水洗いする。
5 頭部は胸ビレの際から落とす。
6 片身の周囲を切ってから、皮を力いっぱい頭の方向から剥がす。

■ 刺し身

7 3枚に下ろしたら腹骨と血合い骨を切り、サク取りする。
8 ニザダイの刺し身。強い脂は口に甘く溶け、香りが追い打ちをかける。

■ 余談

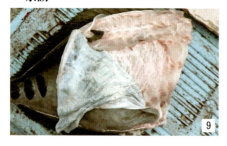

9 西伊豆田子港で、刺し網漁師が海へ投げ捨てたのを拾い、錆びた包丁を借りて削り食い。たまらず、缶ビールを買いに走る。背後に、漁師の呆れ顔…。

クロタチカマス　*Gempylus serpens* 冬

1 南日本の太平洋側にいて、夜間に海面近くへ浮上する。全長1m。スミヤキの仲間では、最も細長い。神奈川県小田原地方ではアブラボウズの「おしつけ」と並び、伝統的に珍重される魚だ。

■ 下処理

■ 甘辛煮

2 腹ワタを出したら、適当にぶつ切りする。小骨が多いので、食べやすいように開く。

3 クロタチカマスの甘辛煮。

スズキ目クロタチカマス科クロタチカマス属（1種）／クロシビカマス属（1種）／カゴカマス属（2種）

クロタチカマス・クロシビカマス・カゴカマス

甘辛煮、炭焼き、みそ焼き、丸干し

　クロタチカマス科は11属12種。筋肉中に多量のワックスを含み、食品衛生法で食用禁止になっているアブラソコムツやバラムツも入る。他の9属10種に共通するのはウロコがなく黒く汚れて見えること。漁師が「炭焼き」と呼ぶ所以である。南方系の魚だが、相模湾の定置網では年中捕れる。

　これらは市場に流通する魚ではなく、漁師が数尾拾うように持ち帰り、家族はおかずにしていた。うまい魚の証であるが、カネにはならなかったのである。ところが近年、スーパーの魚屋で見るようになった。いっぱしに、スミヤキなんて書かれた札を見ると、私はきょろきょろと周囲の視線をうかがってしまう。知らずに出世してしまった恥ずかしい自分が、そこにいるようなのだ。

クロシビカマス　*Promethichthys prometheus*

1 南日本の太平洋側にいて、夜間に海面近くへ浮上する。全長60cm。クロシビカマスはスミヤキの代表選手。捕れて時間がたつほど、真っ黒けに変色する。

■ 炭焼き

2 スミヤキには炭焼きが、よく似合う。

■ みそ焼き

3 切り身にして、みそ漬けにしてもいい。　　4 強い脂がみそ味に緩和されて、とても美味。

カゴカマス *Rexea prometheoides*

秋 冬

1 南日本の太平洋側にすむ。全長 40cm。スミヤキの仲間では、やや小型。漁師は「縄切り（なわきり）」、「がらんちょ」と呼ぶ。

■ 下処理

2 頭を落としながら、腹ワタを引き抜く。

3 背ビレも切り取る。

■ 丸干し

4 塩をして、丸干しにする。

5 がらんちょの丸干しは、かるく炙るだけ。酒の肴だ。

ミノカサゴ・ハナミノカサゴ（姿造り、姿揚げ、煮つけ）

ミノカサゴ　*Pterois lunulata*　秋冬

① 相模湾佐島漁港のミノカサゴ。水深10～60mの岩礁域や砂泥底にいて、全長20cmほど。

ハナミノカサゴ　*Pterois volitans*　秋冬

② 沖縄石川漁港のハナミノカサゴ。ミノカサゴより南方系で、全長30cmほどになる。

スズキ目フサカサゴ科ミノカサゴ属（4種）

ミノカサゴ・ハナミノカサゴ

姿造り、姿揚げ、煮つけ

　着飾りすぎて泳ぎにくそうな姿は、水中の花魁（おいらん）とでも呼ぼうか。柔らかそうなヒレをいっぱいに広げて、波まかせに揺れている。そのヒレを支える針のような棘に毒があり、うっかり触れると痛い目に合う。自信ありげに、悠々と泳いでいるわけだ。きれいな魚にも毒がある。

　北海道南部から沖縄まで、全国の沿岸岩礁域に生息するが、ハナミノカサゴは相模湾辺りを北限とする南方系だ。釣り人は怖がって海へポイ、漁業でも水族館の要請がない限り、まず持ち帰らない。だが間違って水揚げされた1尾をつくづく眺めて、おいしさを確信した。ねっとりと潤んだ皮膚は、透き通るようでいて肉厚である。棘が毒なら、切り取ってしまえばいい。刺し身の美しさは、ほかに類がないほど。輝く白身をいただくと、しっとりしたもち肌が甘く香る。ミノカサゴは食用魚として、高級魚になるに違いない。観賞魚という分類は、存在しないのだから。

■ 姿造り

③ ミノカサゴの刺し身は、姿造りで。

■ 姿焼き

■ 姿揚げ

④ 姿焼きはヒレが焦げ落ちないよう、アルミ箔で包むなどの工夫が欲しい。

⑤ 姿のままで、から揚げ。

■ 煮つけ

⑥ 薄味の煮つけ。棘の刺し毒は火を通すと分解するが、鋭い棘先には注意すること。

ホシセミホウボウ・セミホウボウ（刺し身、煮つけ）

ホシセミホウボウ *Daicocus peterseni* 冬

セミホウボウ *Dactyloptena orientalis* 冬

1. 南日本のやや深場にすむ。全長30cm。仲間のセミホウボウ属には3種がいる。
2. 南日本のやや深場にすむ。全長35cm。

スズキ目セミホウボウ科ホシセミホウボウ属（1種）／セミホウボウ属（3種）

ホシセミホウボウ・セミホウボウ　刺し身、煮つけ

　ホシセミホウボウはセミホウボウ属3種に比べると、鮮やかな朱色。後頭部の長い棘と第1背ビレの間に小棘がない…。だが、そんなことより滋味なセミホウボウに対して、野性的な派手さが目立つ。真っ赤な蝉（セミ）を見て、驚くようなものだ。
　水深100mほどの暗い砂泥底を、大きな胸ビレをこれ見よがしに広げて徘徊しているのだろう。北海道から沖縄までいて、特に珍しい魚ではないが、セミホウボウの仲間を好んで食用にするとは聞いたことがない。昆虫のような姿と、ケガをしそうなくらい固いウロコ。普通に考えて、敬遠されるのも無理はない。だが彼らは、特にホシセミホウボウはうまい魚だ。
　鎧の下の生身は柔らかく、ぼってりと脂がのっている。強すぎると思われる脂は、煮魚にすると意外やサラリと感じる。肝や浮き袋も一緒に煮る。

■ 下処理

3 肛門からハサミを入れて腹を開き、腹ワタを出して水洗いする。
4 皮の内側から身を外す。
5 中骨に沿って左右の身を離す。
6 2枚の片身は血合い骨を切り取ってサク取りする。

■ 刺し身　　　　　　　　　　　■ 煮つけ

7 ホシセミホウボウの刺し身。　　8 姿の煮つけ。

■ 余談

9 皮を乾燥させると、セミの抜け殻…?

イネゴチ（内臓付きの刺し身、頬肉の塩焼き）

イネゴチ *Cociella crocodila* 夏 秋 冬

1 稲模様と大きな眼が特徴だ。大陸棚の比較的浅い砂泥底にすむ。全長30cmほど。

■ 下処理

2 腹ワタを取り出したら胃袋は開いて水洗い、肝と卵巣（精巣）も取り置く。

3 頭部は胸ビレの際から落とす。

スズキ目コチ科イネゴチ属（1種）

イネゴチ

内臓付きの刺し身、頬肉の塩焼き

コチ科は特有の格好で、仲間が多いからややこしい。マゴチだけ飛び抜けた高級魚で、ほかがみな元気がないのはどうしてだろう。立派な姿のイネゴチなどは、もっと市場に出ていいと思う。トカゲゴチ、ワニゴチなどの名前のせいだろうか。イネゴチは体表に散らばる小斑点が、稲粒に見えるからだろう。彼らはマゴチに比べると眼球が大きく、飛び出している。やっぱり、爬虫類のようでもある。

40cmを超えると肉厚で、見るからにうまそうだ。だがイネゴチ類は漁港に足を伸ばして、魚屋の活水槽か、あるいは捕れたてが水氷に浸っているものを見つけなくてはならない。なぜなら締めて1日たつと無味、おいしくないからだ。筋肉がまだ生きているから、躍動感が甘く感じられる、ような気がする。刺し身は単品で食べず、湯引いた皮、胃袋、肝などを添える。これも彼らを味わうコツであろう。魚には副産物があることを、忘れてはいけない。

イネゴチ（内臓付きの刺し身、頬肉の塩焼き）

4 カマ部を外したら、胸ビレと腹ビレを切り揃える。
5 中骨に沿って3枚下ろしは基本通り。
6 皮を引いて腹骨と血合い骨を切り取ると、2枚の片身は4本のサクになる。

■ 刺し身

7 皮、肝、胃袋、卵巣（精巣）は湯引いて冷水に取り、水気を拭き取る。
8 透明感があって、ねっとりと引き締まる。副産物も楽しい、イネゴチの刺し身だ。

■ 頬肉の塩焼き

9 カマ部と頬肉は、ハサミで切り取る。
10 頭部の頬肉は、コチ類の珍味。カマ部と共に塩焼きする。

チゴダラ・エゾイソアイナメ（タラ汁、煮つけ）

チゴダラ *Physiculus japonicus*
エゾイソアイナメ *Physiculus maximowiczi*

1 北海道から高知県の水深75〜1,007mにすむ。全長30cm前後

■ 下処理

2 細かなウロコは、包丁の刃先でしっかり落とす。

3 腹を開いたらエラと腹ワタを捨て、肝は取り置いて水洗いする。

タラ目チゴダラ科チゴダラ属（6種）

チゴダラ・エゾイソアイナメ

タラ汁、煮つけ

　チゴダラ属のチゴダラとエゾイソアイナメは、見分けが非常に難しい。ここでは同属を同じ仲間として、料理法を共通する。

　日本海沿岸、太平洋沿岸と幅広くいて漁業では常連だが、関東以南では食習慣がないようだ。北国では「どんこ」と呼ばれ、喜ばれる魚だ。煮つけてよし、タラ汁にしてよし。肝が充実する冬場が旬で、こってりした味わいは身も心も温めてくれる。

　水深1,000mから数十mを、大きな群れで移動しているようだ。底曳き網でも定置網でも、捕れるときの量は数tにも及ぶ。そんな季節に漁師町を歩くと、チゴダラの丸干しが売られていることがある。1匹100円程度の買いやすさだから友人にも配る。冷蔵庫に入れて、思い出したときに炙って食べると、つい酒瓶に手が伸びてしまう。チゴダラは近い将来に高級魚になるだろう、そんな気がする。

　しばれる夜のどんこ汁は、たまらない。

4 肝からは、胆のう（苦玉）を見逃さずに取り除く。
5 頭部も大きく、ぶつ切りにする。

■ タラ汁、煮つけ

6 1匹をぶつ切りにして、水から煮る。アクが浮いたら取り除く。
7 ひと煮立ちしたら、みそを溶き入れる。
8 再び暖まってきたころ合いに、肝を入れる。
9 肝が崩れて火が通ったら、タラ汁の出来上がり。煮つけは腹を開かず、エラと腹ワタを抜き取って再び肝を詰め、しょう油味の薄味で煮る。

アブラボウズ（握り寿司）

アブラボウズ *Erilepis zonifer*　冬

1　100 kg 近いアブラボウズ（小田原漁港）。成魚は全国の水深 680 m までの岩礁域。幼魚は表層の浮遊物につく。全長 1.5 m。

■ 握り寿司

2　若いアブラボウズ（銚子漁港）。

3　食べ過ぎ危険の握り寿司。許容量はだれに聞いても、ニヤニヤするだけである。

スズキ目ギンダラ科アブラボウズ属（1種）

アブラボウズ　　　　　握り寿司

　兄弟分のギンダラは超人気魚。冷凍の切り身を、母はよく甘辛に煮つけたものだった。柔らかく膨らんだ皮はとろりと溶け、身は舌と上顎で絞るように食べると、甘い脂汁が口いっぱいに広がった。近年は高級魚になって、庶民の口から遠のいてしまった。

　巨漢のアブラボウズを弟分にするのは、流通量の低さだろうか。知名度も低いのだが日本で1カ所、神奈川は小田原の山北地方だけ「おしつけ」と称し、珍重する。1.5 m、100 kg になる大魚は筋肉中の脂質が 50 % もあり、食べ過ぎると下痢が止まらない。毒魚ではないが、うまいから食べてしまう…と、大変なことになってしまう。要注意！

　体形の似た大魚にハタ、クエ、イシナギなどがいて、ふだん見慣れていないから、突然足下にいるとビックリする。早朝の小田原市場内は、電球の黄色い光りにあふれていた。競り場の喧騒を避けて隅の暗がりを歩くと、棺のような木箱が並んでいる。目を凝らすと魚が寝そべっていて、アブラボウズだった。大魚の肝臓はビタミン A 過多で食中毒の恐れあり、特にイシナギの肝臓は食用禁止になっている。

クサウオ　*Liparis tanakae* 　冬

① 全国の水深50〜133mにすむ。全長47.4cm。色彩変異や斑紋変異は多い。腹側に腹ビレが変化した大きな吸盤がある。

■ 下処理

② 首元を切って、頭部を背側へ返す。肝と生殖巣（卵巣・精巣）は取り置く。

③ 頭部をつかんで、皮を一気に剥がす。

スズキ目クサウオ科クサウオ属（11種）

クサウオ

どぶ汁、から揚げ、卵巣の塩辛

　全国に分布するが、食習慣は東北地方にある。福島県相馬原釜では「水ドンコ」と呼び、寒風吹きすさぶ漁港の片隅で、おばちゃんたちが手際よく皮を剥いでいた。松川浦の民宿で女将とドンコ談義をしながら、厨房に立っていたことを思い出す。

　ドンコの意については諸説あるが、ずんぐりむっくりした（格好悪い）姿でも、味は最高峰と認められた食材、だけに与えられた尊称と私は思う。川魚のハゼ科ドンコもしかり、椎茸のドンコもしかり、チゴダラ科のドンコ名もしかり。水ドンコも、水っぽい欠点を尊称でカヴァーするあたり、地元人の愛着を感じる。

クサウオ（どぶ汁、から揚げ、煮つけ、卵巣の塩辛）

クサウオ（どぶ汁、から揚げ、煮つけ、卵巣の塩辛）

④ 身は2枚に開いて、ぶつ切り。

■ どぶ汁

⑤ 肝と精巣、卵巣は別に使う。

⑥ ぶつ切りの身と肝・精巣・みそを和えた、水ドンコのどぶ汁。見た目より数段うまい。

■ から揚げ

⑦ 皮を剥いだ身を半日陰干し、余分な水分を落とす。

⑧ 水ドンコのから揚げ。

　50cmにもなる魚だが、寿命は1年という。「大寒のころに卵をもつと、ぱったり姿を見せねぇよ。夏ごろから小ぃせぇのが捕れ出して、冬にゃ水ドンコだ」成長が早いから、身に締まりがないのだろうか。漁師町のおばちゃんには、どうでもいいことだ。つつましくうれしそうに、クサウオの皮を剥がし続ける。

クサウオ（どぶ汁、から揚げ、煮つけ、卵巣の塩辛）

■ 煮つけ

⑨ 頭部は甘辛に煮つける。唇辺りのゼラチン質がたまらない。

■ 卵巣の塩辛

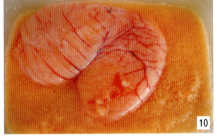

⑩ 成熟した卵巣は酒と塩の中でほぐし、1日冷蔵庫へ。

⑪ 水気を切ったら器をかえて、さらに3日ほど寝かせる。キャビアにも似た、珍味の出来上がり。

コラム　―旬とは？―

　魚の旬を、種別に問われることがある。丁寧に説明するほど相手が遠ざかってしまうのは、聞いて面倒になったからだろう。説明する方も、面倒なのである。食ってうまけりゃ旬で、いいじゃないか。

　たとえばマコガレイ、漢字では真子鰈と書く。春先の真子（卵巣）が珍重されて、煮つけは庶民の総菜の代表格であった。桜が散るころになると産卵後の疲弊期で、身はボロ雑巾のようにやせ細る。やがて盛夏、翌年の産卵期に向けて体高は増し、真夏の白身は高級料亭でもてはやされる。もはや、庶民の魚ではない。ボラという魚も卵巣（からすみ）だけに人気が集中して、夏ボラの刺し身は古の風物詩になってしまった。

　魚の旬って、なんぞや？　脂っ気のないパサパサの、サンマの丸干しをうまいと言う人なら肩をたたき合って分かち合える。魚はなんでも、脂がのったからって旬とは言えない。食べ方によって、食べごろが決まるのだ。カタクチイワシだって千葉で尊称するセグロ（背黒）は脂っ気のない細身で、ゴマ漬けにして勝る。脂ののりだけが、旬を決定するものではない。おいしく食べられたら、魚はいつも旬である。

アサヒアナハゼ *Pseudoblennius cottoides*

冬　春

① 北海道沿岸や三陸地方など、やや北方系の魚だ。全長 13 cm 前後の磯魚である。

■ 下処理

② 頭部を落として腹ワタを出す。

③ 中骨の色は青・緑・赤など様々だ。

スズキ目カジカ科アナハゼ属（9種）／ベロ属（1種）

アサヒアナハゼ・ベロ

しょう油漬けの塩焼き、刺し身、みそ汁

　関東以北に多いようだ。ざっかけな仕掛けで堤防釣りをしていると、足下で掛かる。ゴツゴツと震えるようなアタリで、ヌメッとした 10 cm ほどの魚が素っ頓狂な顔を見せる。三浦半島の漁師は"濡れマラ"と呼んで笑わせた。

　北国でいう海のカジカには、高級魚が多い。頭でっかちの 30 cm ほどで、煮つけると鍋を突き壊してしまうほどうまいので「鍋壊し」なんて異名までもつ。アナハゼの仲間はというと、釣り人も食べない。3 枚に下ろすと、中骨や筋肉までが青みがかってビックリする。刺し身は恐る恐る口へ入れたが、引き締まった身は甘みがあって意外だった。以来、好んでもち帰ることにしている。

　アナハゼの仲間は、雄だけに肛門突起（生殖突起・anal papilla）があって、堤防釣りの子供らは「ちんぽだし」とはやし立てる。楽しい光景だ。魚釣りの原点は、子供時分になくてはならない。

アサヒアナハゼ（しょう油漬けの塩焼き、刺し身）

④ 2枚に開いたら中骨を外す。

■ しょう油漬けの塩焼き

⑤ 酒としょう油に1晩浸す。

⑥ 焦げないように焼き上げると、極上の酒が欲しくなる。

■ 刺し身

⑦ 中骨に沿っての3枚下ろしは、基本通り。
⑧ 3枚に下ろしたら、皮面を湯引きする。
⑨ アナハゼの刺し身は、皮つきで価値が上がるようだ。

ベロ（みそ汁）

ベロ　*Bero elegans*　冬　春

10　ベロ。沿岸の藻場や岩礁域にいて、堤防釣りではうるさい外道だ。全長 15 cm。
11　肛門の突起物（アナルパピラ）が見えるだろうか。

■ 下処理

12　腹ワタを出したら頭部・胴部・尾部をぶつ切りする。

■ みそ汁

13　ベロのみそ汁には、赤みそか田舎みそがよく似合う。

シマウシノシタ（刺し身、一夜干し、煮つけ）

シマウシノシタ *Zebrias zebrinus*　秋 冬

① 成魚で全長22cm。間違えやすいセトウシノシタは、尾ビレに黄斑点がない。

■ **下処理**

② エラ孔から首骨を切って締める。腹ワタを出しながらウロコを落とす。　③ 胸ビレ際から頭部を落とす。

カレイ目ササウシノシタ科シマウシノシタ属（2種）

シマウシノシタ

刺し身、一夜干し、煮つけ

　体形が似ているウシノシタ科の眼は体の左側、ササウシノシタ科は右側になる。小型種が多い中で、シマウシノシタは22cmと大きい方だ。小さいわりに筋肉質で、ヘビのように力強く体をくねらせる。友人が撮影した動画を見ると、左右のヒレをムカデのような動きで海底を這い、危険を感じると尾ビレのトラ模様を逆立てる。その格好はコブラが鎌首をもたげたようで、頭部を守る擬態なのだろう。

　ウシノシタ科のアカシタビラメなどは、超高級魚でもてはやされる。しかし、ササウシノシタ科は虫扱いされている。小さな筋肉質だが、もったいないことをしていると思う。シマウシノシタの刺し身は、死んで柔らかくなってからではつまらない。暴れる相手と格闘しながら締め、おとなしくなった瞬間が食べごろだ。こんな刺し身、ほかにないぞ！　あとの料理は、ゆっくりやればいい。ゼブラ模様の仲間は多いが、どれもおいしい魚たちだ。

シマウシノシタ（刺し身、一夜干し、煮つけ）

4 有眼側と無眼側の中心を走る側線に沿って包丁を入れ、左右に開いて5枚下ろしする。

5 わずかな血合い骨、腹骨を切り取ったら皮を引く。

■ 刺し身

6 シマウシノシタの刺し身。皮は竹串に巻いて塩焼きし、刺し身に添える。

■ 一夜干し

7 身の厚い有眼側だけを、左右に開く。かるく塩をして、半日影干す。

8 開き干しは、酒の肴だ。

■ 煮つけ

9 煮つけるなら、筋肉硬直が解けてからがいい。味つけは、お好みで。

10 小さくても肉厚で、食べ応えあり。

ウスバハギ *Aluterus monoceros*

冬

①　50cm超えのウスバハギ。日本全域の浅海表層に群れ、ウスバは薄葉。定置網では木っ葉が散ったように見える。全長67cm。

■ 下処理

②　背ビレ第1棘際から、後頭部を切断する。

③　頭部と胴部を左右の手でつかみ、折るように切り離す。

フグ目カワハギ科ウスバハギ属（2種）

ウスバハギ

刺し身、肝和え、
薄皮の塩焼き、みそ漬け

　薄葉ハギ、が語源なのだろう。定置網の様子を見ていると、落ち葉が揺らめいているように見える。全長70cmにもなると、ウマヅラハギの化け物といった感じもする。そのウマヅラハギは、一足先に高級魚の仲間入り。ウスバハギも市場へ出荷されるが、世間の知名度はまだ低い。

　カワハギ類の魅力はとかく肝に集中するが、透明感ある引き締まった白身を忘れてはならない。ウスバハギは薄葉のようでもデカイから、身は多いのである。とはいえ、肝も身も充実するのは秋冬。春に産卵期を迎える、体力絶好調の季節だ。

　ウスバハギ属のもう1種は、ソウシハギ。「この魚は肝臓や消化管にパリトキシンという有毒物質があり、間違って食べた場合、筋肉痛、不整脈などを起こし、死亡することもあります」石川県漁海況情報（175号2010年9月3日発行　石川県水産総合センター）とある。派手な色彩で識別は容易と思うが、内臓物は食べないこと。フグ目には、特に注意が必要だ。

ウスバハギ（刺し身、肝和え、薄皮の塩焼き、みそ漬け）

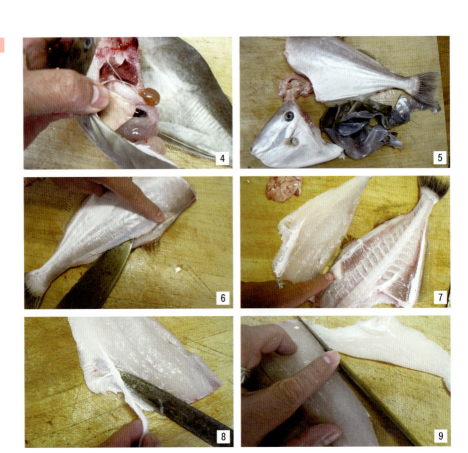

4 頭部に付着した腹ワタから、真っ先に胆のう（苦玉）を取り除く。
5 肝を取り置いたら、全身の皮を剥ぎ取る。
6 3枚下ろしは、背ビレ際から包丁を入れるが、そこに骨塊があるので注意する。
7 腹側から中骨に沿って片身を開く。指した箇所が骨塊だ。
8 腹骨を切り取る。
9 血合い骨を切り取って、片身を2本のサクにする。

コラム ― フグ毒 ―

　フグ中毒死事故があった。お父さんと堤防釣りをしていた子供らが、クサフグでも釣ったのだろう。となりのオヤジが、得意気に食べ方を語ったものと思われる。喜んで持ち帰った家族で生き残ったのは、フグを食べなかった母親だけだった。泣きじゃくりたいほど怒りに満ちた、悲しい事件であった。魚も野菜も、自然界からのいただきものだ。フグ毒に限らずシガテラ属、サバ類のヒスタミン中毒など、魚貝類をとりまく食品の危険性は環境によって様変わりする。私たちは今生きている世界を、海の底から天の果てまで見つめなくてはいけない。健康をいただいて、生きているのだから。

■ 刺し身、肝和え、薄皮の塩焼き

ウスバハギ（刺し身、肝和え、薄皮の塩焼き、みそ漬け）

10 刺し身は薄皮面をまな板につけて、削ぎ切る。
11 肝は長ネギとみそで、たたきながら和える。
12 薄皮は竹串に巻いて、塩焼きする。
13 ウスバハギの薄造りに肝和えを添える。後方は頭部と薄皮の塩焼き。

■ みそ漬け　　　　　　　　　■ 余談

14 サク取りした身が残ったら、みそ漬けにする。冷蔵庫に入れて、飯のおかずに重宝する。
15 もう1種のウスバハギ属、ソウシハギには、要注意！

ギマ（刺し身、なめろう、しょう油漬け焼き）

ギマ　*Triacanthus biaculeatus*　🍁秋 ❄冬

① 全長10〜15cmで、最大でも25cmほど。左右2本の棘で固定される。プラモデルのようなギマ。

■ 下処理

② 小さなエラ孔から包丁を入れて腹を開く。大きな肝は取り置く。

③ 片身周囲のヒレ際を切ったら、皮を一気に剥がす。

フグ目モンガラカワハギ亜目ギマ科ギマ属（1種）

ギマ

刺し身、なめろう、しょう油漬け焼き

　定置網をもつ漁港では、水揚げした魚の選別が大仕事だ。真っ先に水槽へ運ぶ魚は、ランクの最上級。多くは選別台にばらまかれて、魚種の大小別、安くてもカネになる魚、などに選り分けられる。洗い流された漁港で、傍らの2tダンベ（水槽）をのぞき込む。と、思わず息を呑む。おびただしいゴミ扱いの魚たちは、産業廃棄物だった。

　ギマは、そんな中によく見られる。少しもち帰るべく手にすると、粗いサンドペーパー状の皮から強力な粘液が湧き出るようだ。背ビレの1棘、左右腹ビレの1棘が強靱で固定するから、地べたに模型の如く鎮座する。変わった魚でも見慣れるものだが、ビニール袋を突き破る長い棘は厄介だ。

　ギマこそ、鮮度が命。身上はバターのような肝と、透明に引き締まった白身にある。3本の棘は確かに料理の邪魔だが、変わった魚は姿を見せて食卓も華やぐってモンだ。捨てておけない、おいしい魚だ。

ギマ（刺し身、なめろう、しょう油漬け焼き）

■ 刺し身

④ 3枚に下ろしたら、血合い骨を切り取って4本のサクにする。

⑤ ギマの姿造り。肝はたたいて添える。

■ なめろう

⑥ 肝、みそ、長ネギをたたいて身に和える。

⑦ ギマのなめろう。

■ しょう油漬け焼き

⑧ 頭部と皮を取り去って、2枚に開く。

⑨ しょう油と酒に1晩浸して、焼き上げる。焼き冷ましは、なおいい。

■ 余談

⑩ 産業廃棄物に選り分けされた、ギマ。

第1章　魚類　117

トウゴロウイワシ *Hypoatherina valenciennei*

夏 秋 冬

① 釣れた、トウゴロウイワシ。全長7〜8 cmで、最大でも15 cmほど。
② 包丁で頭を落として腹を開く。あとは手仕事でウロコをバリバリと爪で剥がして腹ワタは指で掻き取って水洗いする。注意することは、水気をしっかり拭き取ること。塩をつけて丸かじりするおいしさは、天にも昇るようだ。トウゴロウイワシはウロコが固い分、骨は柔らかくて済むのだろう。歯応えはゴリゴリとして、うまみの強い魚だ。

トウゴロウイワシ目トウゴロウイワシ科ギンイソイワシ属（3種）

トウゴロウイワシ　　　丸かじり

10 cmほどの小魚だが、ウロコは鎧のようにゴワゴワとして固い。日本のイワシ類は一般にマイワシ（ニシン科）、ウルメイワシ（ニシン科）、カタクチイワシ（カタクチイワシ科）を言う。これらはイワシとして干し鰯（か）や田作り、シラス干しになるからだ。トウゴロウイワシはお呼びじゃない。商売で捕獲するなんて、聞いたこともない。港の辺りを、ぐるぐると泳いでいる魚でしかない。

港の中にウルメイワシが回ってくると、漁師家のお母ちゃんや子供が釣竿を手に走り出す。「なぁんだ、今日はトウゴロウだよ」なんて日もあり、私はトウゴロウ釣りをする。小さいハリを使うと、空バリだって食いつく。子供たちが加われば、箱一杯なんてすぐだろう。持ち帰って料理はさぞ大変と思いきや、これもアッと言う間だ。丸かじりで食べてアッと言わせ、おいしさで黙らせる…醍醐味。外皮の固さに反して骨は柔らかく、ガラスのように透き通る身は奥歯に小気味よく砕ける。

ギンアナゴ (刺し身、アナゴ飯)

ギンアナゴ *Gnathophis heterognathos* 冬 春

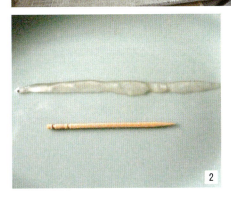

1. ウナギ目アナゴ科ギンアナゴ属（3種）。成魚で全長45cmほど。
2. アナゴの仲間に限らず、幼魚期を葉形幼生（レプトファパルス）で過ごす魚はいる。高知では（今では全国的に）「のれそれ」と呼び、生にポン酢しょう油をかけて食べる。相模湾ではシラス漁の網に刺さるので、嫌われている。

ウナギ目アナゴ科（25種）

アナゴの仲間

刺し身、アナゴ飯

　市場はマアナゴに独占されて、ほかのアナゴ類は見る影もない。せいぜい小さく穴子と書かれ、回転寿司や総菜の具にされている。ゴテンアナゴ、ハナアナゴ、ギンアナゴやクロアナゴは、もっと堂々と姿を見せていいと思う。

　東京湾のルアー釣りで、巨大クロアナゴが人気になって久しい。それは近種のダイナンアナゴのようである。見分けは胸ビレ軟状数と背ビレ起部の位置で、素人目には少し難しいかもしれない。どちらも140cm近くなると化け物を見るようだが、これらもおいしいアナゴの仲間たちだ。

　「ウナギを割くことは技術がむずかしいので、昔は割かないで2つ3つにぶつ切りにして、竹串を縦にさして焼いたらしく、その姿はまるで河川の岸辺に生える茶褐色の蒲の穂に似ているとことろからの蒲焼きだというのが、まずまずうなずける説であります」（『味覚三昧』辻嘉一）。さらに「腹開きに裂いて焼くのは京大阪の始まり。関東は背から割いて白焼きし、さらに蒸し上げてからしょう油ダレで焼上げる」とある。関西の屋台では今も、アナゴをしょう油ダレに浸しただけの丸焼きを売る。家庭で割くのが面倒なら、アナゴ料理はぶつ切りでかまわないのである。

ギンアナゴ（刺し身、アナゴ飯）

■ 下処理

3 目打ちをしたら、首元から中骨に沿って包丁を入れる。
4 開くのでなく、片身を下ろしてしまうのも簡単でいい。
5 腹骨を切り取る。

■ 刺し身

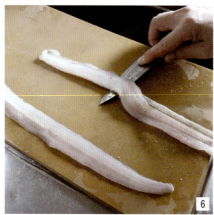

6 皮を引く。
7 ギンアナゴの刺し身。

■ アナゴ飯

⑧ 割かれたギンアナゴは、総菜用で売られることがある。
⑨ 骨切りをしながら、ぶつ切りにする。
⑩ 甘辛のしょう油味で煮詰める。
⑪ 暖かいご飯にまぶすとアナゴ飯だ。

クロアナゴ *Conger japonicus* 冬

⑫ ウナギ目アナゴ科クロアナゴ属（4種）。ダイナンアナゴに似るが、背ビレの位置が胸ビレの後方から伸びる。1mを超す。

■ 煮つけ

⑬ クロアナゴ頭部の煮つけ。

ダイナンアゴ *Conger erebennus* 冬

14 東京湾のダイナンアナゴ。ウナギ目アナゴ科クロアナゴ属（4種）。マアナゴと同じクロアナゴ属。背ビレは胸ビレの後縁から伸びる。全長1mを超す。

■ 下処理

15 腹を開いたぶつ切りは、塩をして生干しにする。これを燻製にすると、ダイナンアナゴも捨てたモンじゃない。

16 炭火焼きしたダイナンアナゴの切り身。

ホラアナゴ科 *Synaphobranchus affinis* 冬 春

17 ウナギ目ホラアナゴ科ホラアナゴ属（4種）。水深290〜2,334mの深場にすむ。全長1mを超す。アナゴ類を下ろすときは、頭部に目打ちをして開く。

■ 煮つけ

18 煮つけは、薄味が基本。

ウツボ *Gymnothorax kidako*

春 夏 秋 冬

ウツボ（刺し身、煮つけ、土佐造り）

① 関東以南の、沿岸岩礁域に多く見られる。全長80cmほど。死んでいるようでも、不用意は危険だ。

■ 下処理

② 表面をタワシで水洗いする。

③ 頭部を落とし、肛門より3cmほど下がった位置で尾部と切り離すのは、血合いの塊が入り込んでいるからだ。

ウナギ目ウツボ科ウツボ属（36種）

ウツボ

刺し身、煮つけ、土佐造り

　どう猛さが印象のウツボだが、魚に性格ってやっぱりあるのだろう。釣り人は糸を通じて魚と対話している気になっているし、それが釣りの楽しみでもあるわけだ。私は魚を食べて味わいながら、それぞれの個性を発見したつもりで喜んでいる。

　ウツボを釣ったときの経験だが、すさまじくどう猛である。小さな目は殺意に満ちて、ぶよぶよした唇からノコギリのような歯が威嚇する。2匹を舟の甲板に放つと、お互い8の字になって絡み、殺し合いさながらだ。漁師がこん棒で、頭ではなく肛門の辺りを力強

ウツボ（刺し身、煮つけ、土佐造り）

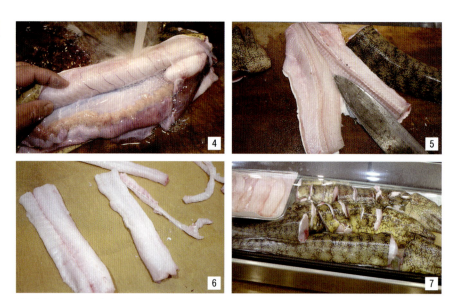

4 腹を開いてワタを出したら、血合いを切って水洗いする。
5 胴部は3枚下ろし。
6 腹骨と血合い骨を切り取って、サク取りする。
7 ウツボ料理の、下ごしらえ完了だ。

■ **刺し身**

8 肛門より後方が、小骨は少ない。
9 刺し身は、やや薄めに削ぎ切る。

　くひっぱたいて静かになった。
　ウツボを様々に料理して、食べて思うのは優しさだろうか。火が通った皮のゼラチン質はぺたぺたしながらとろけて、甘みが淡く香り立つ。刺し身はまず、白身の美しさに目を見張る。薄切りの1枚を噛みしめると、うまみはあふれ出るようだ。ウツボはけっこう気弱で、争いごとは大嫌い。できれば独りひっそりと岩穴にこもり、食事が終われば眠っていたいに違いない。そんな気がする。

■ 煮つけ

⑩ 昆布を敷いて、やや甘辛に煮つける。

⑪ 頭部の煮つけ。皮のゼラチン質がたまらない。

■ 土佐造り

⑫ 1枚の片身は金串を打ち、皮面を強く炙ったら冷水に取る。

⑬ ウツボの土佐造り。骨切りしながら刺し身にして、ポン酢しょう油をかける。

■ 余談

⑭ ウツボ同士の格闘は、釣り上げた瞬間に始まった。

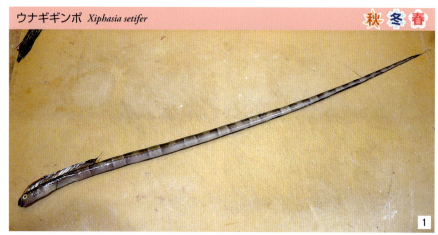

ウナギギンポ *Xiphasia setifer* 秋 冬 春

アミウツボ *Gymnothorax minor* 春

1. 関東以南の内湾や浅い砂泥底にいて、55 cm。
2. 関東以南の水深100 mほどにいて、80 cm。料理法は同じだが、皮の食感はウナギギンポよりねっとりする。

スズキ目イソギンポ科ウナギギンポ属（2種）／ウナギ目ウツボ科ウツボ属（36種）

ウナギギンポ・アミウツボ

串焼き

　ウナギギンポとアミウツボは別種だが、姿格好も料理法も味も、似たようなものであった。長さ70 cm　体高1 cm、細いヒモ状の魚である。最初は漁網が切れて、ゴミと一緒に丸まっているのかと思った。小魚の頭をつかんだつもりが…「な、何だこりゃあ〜っ」。

　なぜか定置網に、ウナギギンポとアミウツボが同日に入ったのだ。初対面だがギンポとウツボなら、食えないことはないだろう。自己責任を言い訳にしたが、自然界は魚類の毒にしても、ほとんどわかっていない。まして

や南方系の魚が、北方で見られる時代。見知らぬ魚介類を安易に食べるのは危険、と申し上げておく。

　ウナギギンポの料理は解剖実験のようで楽しかった。細い"ヒモ"を開いて、中骨を取り除く。ヒモは、"帯"になっただけである。そいつを金串に刺して、塩焼きにする。紫だちたる煙が香ばしく漂うと、やじうまが集まってくる。結局取り合いになって、わずかな身肉を噛みしめる。無言で目を見つめ合って「うまぁ〜い！」と叫ぶのであった。

3 ウナギギンポの背ビレ後方には、1棘が伸びる。

■ 下処理

4 "ヒモ"の背開きは少し緊張する。
5 中骨に沿って、しっかり開く。
6 中骨と腹ワタを取り除く。

■ 串焼き

7 金串に巻いて塩焼きにする。

8 上品な白身には、気品さえ感じてしまう。

ネズミギス *Gonorynchus abbreviatus* 〔秋・冬〕

① 本州沿岸の水深50～200mの砂泥底にいる。全長25cmほど。
② 腹側に返すと、硬直したネズミだ。

ネズミギス目ネズミギス科ネズミギス属（1種）

ネズミギス　　姿造り

　初めて見たときの驚きようったらなかった。ネズミ、まるでネズミのような魚だ。興奮しながら図鑑でネズミギスを発見すると、力が抜けてなぜか苦笑い。なるほどね…みなさんは、知っていたのね。
　相模湾の定置網では、ネズミギスは1年に1匹を見るか見ないか、である。数匹ではなく1匹だから、単独行動派なのだろう。水深100mほどの砂底にいて、何を食べているのか。小さな口では、泳ぐ魚など捕らえられない。砂中の虫などを漁りながら、気まぐれに浮上して定置網に捕まってしまったか。
　そんな1匹を刺し身で食べた。ザラついた感じの皮が固いぶん、身は柔らかいので3枚下ろしは注意がいる。
　珍しい顔立ちの魚は、姿造りにすると興味が食欲を倍増させる。その味わいは、消え入りそうな優しさであった。東南アジアで食中毒の報告があるようだが、私は鮮度の問題だと思う。

■ 下処理

3. 小さなエラ孔から包丁を入れる。
4. 腹を開いて腹ワタを出すも、エラまで指が届かない。
5. 頭部を落としたら3枚に下ろして、腹骨を切り取る。

■ 姿造り

6. ネズミギスの姿造りには、おいしい酒も必要だ。ネズミギスこそ、刺し身は姿造りが相応しい。顔と対峙すると、一味違う。とっておきの酒も出したくなる。

ヒメ（昆布締め）

ヒメ *Aulopus japonicus* 冬

1 水深25～510m、貝殻混じりの粗い砂底にいる。全長18cmほど。ヒメの雄。メスやや滋味、雄の背ビレは赤くて大きい。

■ 下処理

2 頭とウロコを落としたら、腹ワタを出して水洗い。

3 3枚に下ろして腹骨を切り取る。

ヒメ目ヒメ科ヒメ属（4種）

ヒメ

昆布締め

　水深100mほどの砂礫底にいて、釣り人ならよく知る外道だろう。15cmほどで赤黒く、水中から揚がってくるときは語源が「姫」にも納得。しかし手に取ると何やらゴワゴワとして、雅とは言いがたい。似た魚にスズキ目ヒメジ科ヒメジがいて、こちらには髭がある。ヒメに髭がついて、姫爺になったのだろうか。

　漁業では底曳き網で大量に捕獲されると、加工業者はすりみにするようだ。しかし、数十匹程度はゴミ同然。北国では漁港の片隅に、そんな魚を選りわけるおばちゃんたちの姿を見る。自転車やリヤカーには包丁やまな板も用意されて、行商先では食べ方を口で教えるだけでなく、実演もする。そのような文化が、都会では失われてしまった。

　ヒメの下ごしらえをすると、剥がれやすい大きなウロコのほかに、辛苦いような匂いに気づく。それらはエソに共通しているもの。エソもヒメ目なのだ。

■ 昆布締め

④ 身を昆布で挟んで、しっかりラップする。雄の背ビレは取り置く。
⑤ 1晩冷蔵庫で寝かせると、身は飴色に透き通る。
⑥ 皮面に包丁目を入れて、皮を食べやすくする。
⑦ 刺し身は、ヒメの昆布締め。赤い背ビレを飾ると、ヒメも喜ぶ。

| コラム | ―昆布締め― |

　魚の昆布締め文化は北前船の影響だろうか、富山を中心とした日本海側に多く見られる。昆布は乾燥した板状だから、生魚の水分を吸収しながら、うまみをほどよく添加してくれる。この"ほどよく"が好みであり、土地の文化なのだろう。
　30分ほど包んだだけの香りを良しとすることもあり、飴色にまでなったものを好む人もいる。日本海側は後者と限らず、吟醸酒派はサッパリ系のように思う。昆布から抽出されるアミノ酸はグルタミンであり、濃縮をかけ過ぎるとイヤミになる。主役は魚だから、魚本来の味（個性）を殺すような料理は邪道だと思う。

フタスジナメハダカ（塩焼き、酢漬け）

フタスジナメハダカ *Lestrolepis intermedia* 冬 春

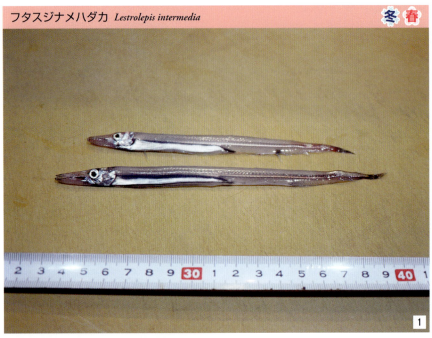

① 定置網に入ったフタスジナメハダカ。
② 眼の前縁に黒点があるのがわかる。腹中線の内部には発光器がある（要解剖）。

ヒメ目ハダカエソ科ハダカエソ属（3種）

フタスジナメハダカ

塩焼き、酢漬け

　水深数百 m の暗闇にいて、夜間に餌を求めて浮上すると思われる。相模湾の定置網でまれに、数匹が捕獲される。定置網だから、たぶん雑多な魚にまぎれて、身動きができなくなってしまったのだろう。
　割り箸ほどの長さで青白く、透明な魚だ。ナメハダカ属ナメハダカと思ったが、眼の直前に小乳頭状突起があって、ハダカエソ属フタスジナメハダカであろう。しかし本書では、これらを仲間として料理法を考えることにする。珍魚に類するものまで扱うのは、いろいろな魚の食味を知ってもらいたいからだ。そうすりゃ海の世界は、ますます広がるってものじゃないか。

■ 塩焼き

3 塩焼きを試みる。身は崩れるも繊細で上品な味わいだ。

■ 酢漬け

4 丸ごと酢漬けにする。
5 30分後、溶けないうちに取り出す。頭から食べてみてまずくない。だがやはり塩焼きの方が素材の味が生きている。丸干しにしてもよいだろう。

マエソ（なめろう、サンガ焼き、魚だんごの中華あんかけ）

マエソ *Saurida macrolepis*

秋 冬

① 千葉県以南の砂泥底にすむ。全長35 cm。

■ 下処理

② 胸ビレの際から頭部を落としたら、腹ビレを切り取る。

③ ウロコを落としながら、腹ワタを出して洗う。

ヒメ目エソ科マエソ属（8種）／オキエソ属（1種）ほか

エソの仲間

なめろう、サンガ焼き、魚だんごの中華あんかけ

　エソの仲間は小骨が多く、無理して抜くと身崩れを起こす。姿ではほとんど流通しないが、高級蒲鉾の原料になると人気モノ。世界共通語になったKOBANと同じく、SURIMIである。エソはつまり、おいしい魚だけれど、食べづらい。

　すり身では分け隔てなく利用するようだが、見間違えやすいのはマエソ35 cmSL、ワニエソ65 cmSL、トカゲエソ50 cmSLで、詳細は『日本産魚類検索・全種の同定　第三版』（中坊徹次編・2013）参照のこと。SLは、成魚の標準的体長を指す。

　とはいえ、骨の部位を丁寧に切り取った刺し身は絶品。皮下に脂の層があるので、皮つきのまま湯引きにするといい。塩焼きの固い骨は、骨切りするとなお厄介だ。口に当たったら、細長いまま出せば楽じゃないか。骨を嫌って、魚のうまみは語れない。

4 中骨に沿って3枚に下ろし、皮をつけたまま大ざっぱに骨切りする。
5 包丁でたたくのもいいが、挽肉用のミンチ器があると便利だ。

■ なめろう

6 みそと長ネギでたたいた、エソのなめろう。焼けばサンガ焼き。

■ 魚だんごの中華あんかけ

7 ナメロウを団子にして茹でる。エソの身は粘りがあるので、つなぎはいらない。
8 中華あんをかけたり、料理は様々に考えられる。

マダラエソ（塩焼き）／オキエソ

マダラエソ *Saurida gracilis* 秋 冬

9 相模湾以南の南方系で砂底域にいる。全長 28 cm。
10 マダラエソの塩焼き。

オキエソ *Trachinocephalus myops* 秋 春

11 オキエソ属で、本州南部の砂泥底にすむ。全長 30 cm。

イタチウオ *Brotula multibarbata*

① 体長50cmのイタチウオ。関東以南の、水深650mまでにすむ。全長60cm。

■ 下処理

② エラぶたに小さな、鋭い2棘があるので注意する。　③ 粘液とウロコを落としながら、腹を開く。

アシロ目アシロ科イタチウオ属（1種）

イタチウオ

刺し身、煮つけ

　ネコ、ネズミ、ワニ、トカゲなど、顔つきを連想させる魚名はけっこう多い。獣のイタチを見る機会は少ないと思うが、イタチ顔の魚である。ヒゲが同じでもナマズ顔と違うのは、尖った顔つきがイタチなのである。隙あらば獲物を狙おうとする、小さな目もイタチそのものだ。

　アシロ科はヨロイイタチウオ（赤ひげ）を除いて、ほとんど食用にされることがない。イタチウオは沿岸にもいて、刺し網にも掛かる。漁港を散策すると、捨てられたゴミの中に見つけることがある。網から外して放り投げたのだろう、捕れたばかりだ。傍に漁師がいれば、いただいて帰る。そんなモン！ってな顔をされるが、素直にお礼を言うだけで世の中うまくいく。

　イタチウオは、私の大好きな魚だ。想像するに、アシロ科にまずい魚はないと思う。50cmを超える仲間は、どれも肉厚で可食部が多い。皮などはゼラチン質に富み、鍋料理にも最適だろう。イタチ顔だけで嫌うとは、もったいないことをしている。

イタチウオ（刺し身、煮つけ）

4 腹ワタから肝、胃袋、浮き袋、卵巣を取り置。

5 肛門から下方7cmほどが脂の乗りもよく、刺し身にして極上だ。残った身は、ぶつ切りにする。

■ 刺し身

6 刺し身で引いた皮は、すばやく湯引きして冷水に取る。

7 イタチウオの刺し身には、湯引いた皮を添える。顔つきとは裏腹の、上品な白身に驚くだろう。

■ 煮つけ

8 ぶつ切りの身に肝などを混ぜ、酒としょう油で煮込む。煮立ったらザク切りの長ネギを足し、弱火で3分。翌日の煮凝りがまた、たまらない。

■ 余談

9 石廊崎の漁港に捨てられていたイタチウオ。コイツもうまかった。

アンコウの仲間（鍋、あんきも、姿煮）

アンコウ *Lophiomus setigerus*　冬　春先

[1] 水深30～510mの沿岸にすむ。全長70cm。口中に碁石のような白斑が見える。

キアンコウ *Lophius litulon*　冬　春先

[2] 水深25～560mの沿岸にすむ。全長1m。口中に白斑はなく、1m20kgを超す大魚だ。

アンコウ目アンコウ科アンコウ属（1種）／キアンコウ属（1種）

アンコウの仲間

鍋、あんきも、姿煮

　アンコウの名で食用にされる魚は一般に、アンコウとキアンコウである。前者の口中には大きな白色斑があり、後者は無斑の灰色。どちらも1mになるが、キアンコウの方がより大きくなり、数も多いと思われる。味の差はない。

　アンコウ類の産卵期は冬で、そのころに浅場へやってくるのだろう。人間界では、鍋料理が全盛の季節である。春の匂いがすると、出遅れたアンコウなどは見向きもされない。網に掛かっても漁師は捨ててしまうほどだ。

　俗に言うアンコウの「七つ道具」とは、トモ（肝）ヌノ（卵巣）ミズブクロ（胃）ヤナギ（頬肉）エラ、皮、ヒレを言う。それは全身のほとんどで、捨てる箇所は歯と腸、小さな胆のうしかない。鍋にして、アンコウほど歩留まりのいい魚はほかにない。桜の季節だって、前夜の残りは煮凝りとなって酒をすすめる。手ごろな大きさなら、1匹丸ごとがお買い得。季節外れも、お勧めだ。

■ 吊るし切り

アンコウの仲間（鍋、あんきも、姿煮）

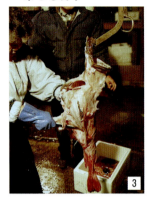

3 アンコウの吊るし切りは、魚屋の客寄せパフォーマンス。最後に歯（トロフィー）をぶら下げて、入荷を示した。

■ 下処理

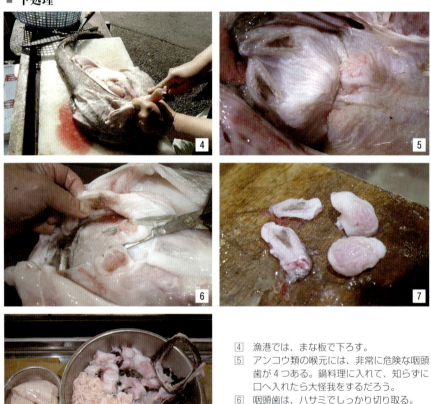

4 漁港では、まな板で下ろす。
5 アンコウ類の喉元には、非常に危険な咽頭歯が4つある。鍋料理に入れて、知らずに口へ入れたら大怪我をするだろう。
6 咽頭歯は、ハサミでしっかり切り取る。
7 4つを確認して、捨てること。
8 腸と胆のう、咽頭歯を除いたら、歯（トロフィー）は干して飾ってもよし。可食部はすべて、ぶつ切りにして水洗いする。

■ 鍋

9　1kgほどなら、腸と胆のうを取り捨てて姿煮にする。各部位の味わいが、目でも確認できる。

■ あんきも

10　肝は塩をして洗い、ラップに巻いた上にアルミ箔でさらに巻く。
11　蒸気抜けに数カ所の穴を開け、10分ほど蒸してから自然に冷ます。
12　自家製のアン肝は、独りで食べるにはもったいない。

■ 姿煮

13　小さなアンコウなら、腹を開いた姿煮がおすすめ。食べている部位を、確認できる楽しさがいい。

ミドリフサアンコウ *Chaunax abei* 冬

① 水揚げされたばかりのミドリフサアンコウ。水深170〜600mの関東以南に多い。全長30cm。

■ 下処理

② 口（トロフィー）を切り取る。

③ 口元から皮を一気に剥がす。ざらついた赤い背皮は捨て、白い腹皮は取り置く。

アンコウ目フサアンコウ科フサアンコウ属（3種）

ミドリフサアンコウ

煮つけ、刺し身、一夜干し

　冬の銚子漁港はモノトーンの世界だった。地魚の水揚げ場は、整然と並ぶ魚までがコンクリート色に同化している。安魚らしきは青色のポリバケツに入れられて、片隅で落札の順番を待つ。その1つに、燃えるような赤色を見た。

　近寄ってのぞき込むと、赤いフグかぁ？白い腹を風船のように膨らませて、真っ赤な背側には緑色の星が散らばる。バケツの底から這い上がってくると、空気を呑んでひっくり返る。初めて見る、これがミドリフサアンコウだった。

　水深90〜500mにいて、主に底曳き網で捕獲される。市場に出回らないのは、漁獲量が安定しないのと、奇抜な姿からだろう。知り合いの仲買人がいて、幸運にも数匹をいただいた。持ち帰る間の数時間で、鮮やかな赤色はくすんでしまう。それでもミドリフサアンコウは小さいながらも、奥深い味わいを楽しませてくれた。

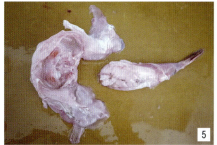

ミドリフサアンコウ（煮つけ、刺し身、一夜干し）

4 腹はハサミで開き、胃袋と肝は取り置く。
5 頭部と胴身を切り離す。
6 頭部からカマ部を外して腹皮、胃袋、肝も適宜に切る。

■ 煮つけ

7 6を水から煮込んで酒、しょう油で味を決め、長ネギの青い葉から甘みをもらう。ミドリフサアンコウの煮込みは、翌日の煮凝りも絶品だ。

■ 刺し身

■ 一夜干し

8 胴身は刺し身にする。ほのかな甘みが身上だろうか。

9 胴身を一夜干して、弱火で炙る。酒の肴だ。

第1章 魚類

アカグツ *Halieutaea stellata*

1. 水深50〜400mにいて、夜間に浮上するのだろう。定置網に群れで入ることがある。全長30cm。柔らかそうに見えるが、触れると鋭い棘にビックリする。
2. 定置網では珍しくないないが、ほとんどが廃棄されてしまう。
3. アカグツの面構えも、魚である。

アンコウ目アカグツ亜目アカグツ科アカグツ属（6種）

アカグツ

姿蒸し

　アカグツ科には23種がいて、変わった魚の大所帯だ。体は直系15cmほどの円盤形で、背面はケガをするほど刺々しい。だが、腹部はふにゃふにゃの無防備である。その腹を開くと、胃袋から貝殻に入ったヤドカリや小ガニが出てくる。消化不良だからけっこう臭い。それらを取り除いたら、強い塩水で蒸し上げるのだ。

　生息場所は水深50〜400mの岩礁地帯なのだろう。相模湾の大型定置網は水深70mほどから立ち上げるから、アカグツは夜間にエサを求めて浮上するのかもしれない。漁網が絞られると赤い円盤たちは降参したように、水面で腹を見せている。投げ捨てられる彼らを拾い、試行錯誤の料理は始まった。結果、焼く煮るより蒸す、であった。

　可食部はわずかでしかないが、濃厚な味わいである。蒸気が散らすだけの塩味では足りないから、粗塩を添えるといい。刺々しい背面の内側まで舐めつくしていると、酒の存在を忘れてしまう。一息ついて残骸を見つめれば、いただきました…と言うしかない。

■ 下処理

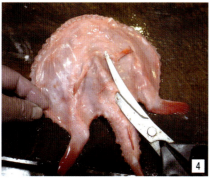

4 腹は肛門からハサミを入れて開く。
5 腹ワタは胃袋開き、肝を残したら捨てる。
6 胃袋から出てきたヤドカリ。貝殻は吐き出すのだろうか。

■ 姿蒸し

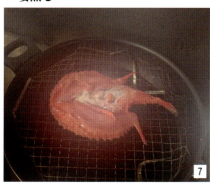

7 塩水を沸騰させたら、5分ほど蒸し上げる。
8 両手指を使って、舐め尽くす。皮の内側、肝、尻尾の白身…。食べ終えて、白ワインが欲しくなる。

エビスダイ（マース煮、刺し身）

エビスダイ *Ostichthys japonicus* 秋 冬

① エビスダイ。30cm近い大物も珍しくない。

■ 下処理

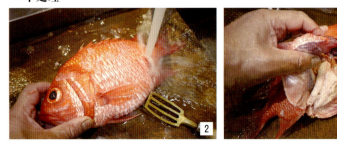

② 流水の中でウロコを掻いても、飛び散るのは致し方ない。

③ 腹を開いたら、エラと腹ワタを取り除く。

キンメダイ目イットウダイ科エビスダイ属（4種）

エビスダイ

マース煮、刺し身

　赤色は、マダイの比でない真っ赤っか。全長40cmになるようだが、相模湾で見られるサイズは15〜20cmだろうか。珍しい魚ではないが、定置網でも見かける程度だから、あまり群れないのだろう。市場に出回るほど数が捕れないから、知名度が低いぶん価値を落としているようだ。

　ウロコはごわごわとして、固く大きいから厄介だ。ウロコ掻きの道具を使っても、飛び散るのは覚悟せねばならない。包丁が入って開いた瞬間、白身の美しさに目を見張る。赤い皮とのコントラストもいい。エビスダイとは縁起の神様にちなんだと思われるが、めでたさがいまいち感じられないのは、やはり知名度のせいだろうか。小型でも丸々として肉厚、緻密な白身は噛みしめてこそ、うまみを滲ませる。

　世に放ったままでは惜しい魚だ。漁業者が積極的に魚を売らねばならない時代、漁業現場こそ魚の味に自信を持って欲しい。たくさん捕れて儲かる魚ではないが、未知のおいしさは海の世界を広げてくれる。

④ 水洗いして、水気を拭き取る。

■ マース煮

⑤ 鍋に昆布を敷き、下ごしらえの終えたエビスダイを置く。水から煮て、玉ネギの千切りで甘みをつける。あとは塩味だけの、マース（塩）煮が似合う魚だ。

⑥ エビスダイのマース煮。魚の優しい香りが生きている。

■ 刺し身

⑦ 刺し身は基本通り、3枚に下ろす。皮は引かずに湯引きした方が、赤色が残って美しいだろう。

マツカサウオ *Monocentris japonica*

冬 春

① 沿岸の岩礁域から水深100mほどにいる。全長14cm。水から揚げてもしばらくは生きている。

■ 下処理

② エラぶたに包丁を入れて締める。

③ エラを抜き取ると、わずかな内臓もついてくる。

キンメダイ目マツカサウオ科マツカサウオ属（1種）

マツカサウオ

姿蒸し、骨のからあげ

　北海道から九州、沖縄まで分布する。沿岸の岩礁地を好むから、水深は数十mまでの浅場である。漁業現場やダイバーには見慣れるが、市場に出回らなければ珍しい魚なのだろう。水族館では暗闇の水槽で、マツカサウオを泳がせている。

　10cmほどの小魚だが、全身は装甲車のような固いウロコに被われる。固すぎて跳ねることができず、小さな胸ビレと尾ビレがわずかに震える程度。腹ビレは釘のような棘だから、生きているのに模型のように鎮座してしまう。下アゴの先端に発光器があって、ホタルのような青い光を放つ。暗闇の水槽で展示され、凝視しても青光りの点しか見えないのだが、人気があって人だかりだ。

　漁師は戯れで、焚き火に投げ込んで焼いたのだろう。「うめぇよ」と言われ、試行錯誤したが、黒焦げの丸焼きは、いかにも無惨である。味を損なわず、姿も美しく仕上げるには「蒸し」が一番であった。甘い香りを放つ白身には粗塩だけで申し分ない。手指でバリバリ固いウロコを剥がすと、脂が染みこんだ白身から甘い香りが立ち上る。確かに、うまい魚だ。

■ 姿蒸し

4 水を沸騰させてから10分ほど蒸す。
5 蒸し上がり。姿はそのままだ。
6 指でウロコを剥がし、手づかみで食う。白身はたっぷりあって、清らかな脂がのっている。無心に食べていると、酒の存在を忘れてしまう。

■ から揚げ

7 食べ終わったら、残った骨をから揚げにするといい。
8 ならばと丸揚げにもしたが、白身の清楚感が失われてしまった。揚げるのは骨だけがいいようだ。

マツカサウオ（姿蒸し、骨のからあげ）

アオヤガラ *Fistularia commersonii*

夏 秋

アオヤガラ・アカヤガラ（刺し身、お吸い物、丸干し）

① アオヤガラは青より暗灰色だ。沿岸の水深35ｍ似浅にいて、表層にもよく群れる。全長１ｍ。
② アオヤガラは興奮すると、黒いゼブラ模様が浮き出る。

トゲウオ目ヤガラ科ヤガラ属（2種）

アオヤガラ・アカヤガラ

刺し身、お吸い物、丸干し

　アカヤガラは２ｍになる超高級魚。アオヤガラは１ｍほどでゴミ扱い。両者は赤と青の色違いだけに見えるが、悔しいかな、うまみも天と地ほどの差がある。比べてしまうのは、同じ姿の宿命であろうか。比べられなかったら、青は特産干物などで人気魚になっていたかもしれない。

　ヤガラ科の２人兄弟のような魚だが、別種であれば味も違って当然。心新たにアオヤガラを味わうと、はかない香りに気づくだろう。アカヤガラのようにぶ厚いうまみではなく、聞きとるほどの風が己の存在を主張する。「？」となって、もう１切れの刺し身を噛みしめる、と思わず笑ってしまうのだ。釣りでは薄気味悪かったが、ヤツは無邪気でいたずらっ子な性格と確信する。

アカヤガラ　*Fistularia petimba* 　冬

③ アカヤガラは沖合の200m似浅にいて、全長2mになる大魚だ。
④ アカヤガラは大きいほど高値がつく。

■ 下処理

⑤ 左右のエラ骨をすき切る。
⑦ 腹の脂は捨てずに取り置く。
⑨ 細長い中骨に沿って3枚下ろし。
⑥ 頭部は大きく落とす。
⑧ 水洗いして下ごしらえの終了。
⑩ 半円形の片身は、中心から開いて皮を引く。

アオヤガラ・アカヤガラ（刺し身、お吸い物、丸干し）

■ **刺し身**

⑪ 刺し身は薄造りにして、肝を添える。

■ **お吸い物**

⑫ 中骨や皮、腹の脂は出汁をとって吸い物に。

■ **丸干し**

⑬ 丸干しを焼いても美味。

オキザヨリ　*Tylosurus crocodilus crocodilus*

冬　春

① ダツ目ダツ科テンジクダツ属（2種）。本州以南の沿岸表層性で、全長1.3m。かなり重たい。

■ 下処理

② エラ元を切り、腹を肛門下まで開く。
③ エラをつかんで腹ワタと一緒に引き出すと、肺のような浮き袋が現れる。浮き袋や血合いを切って水洗いする。

ダツ目ダツ科（4属6種）

ダツの仲間

刺し身、塩焼き

　光りに向かって突進するので、夜間のダイバーに恐れられる。中でもオキザヨリは、1.3mになる最大級だ。長い吻は強靭で、水中メガネのガラスなど突き破ってその奥へ…あぁイヤだ、イヤだ。

　凶暴さばかりが吹聴されるダツが、意外や美味であったと知る人は少ない。やや青みがかった白身は、みっちりとして引き締まる。うまみは突然舌に来るのではなく、後から追いかけるように匂い立つ。その優しさが、ダツのイメージと反比例しておもしろい。味わっていると、性格の見方が間違っていたかとも思う。

　夏の魚で、白身であることもうれしい限り。商売的な話しになるが、ダツの白身は日保ちがいいのだ。漁の乏しい季節には、重宝すること請け合い。世の中はなぜもっと、ダツに目を向けないのだろう。どこかで、安い買い物をしているヤツがいる。商売にして、笑っているヤツがいる。オレのことか？

オキザヨリ（刺し身、塩焼き）

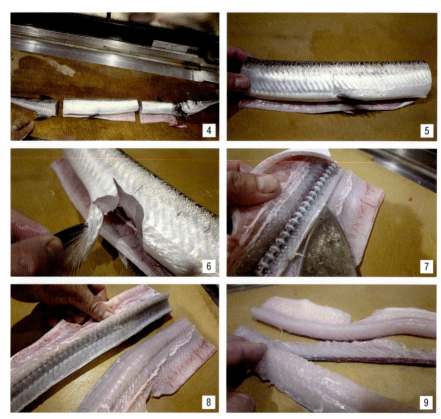

4 大きく3等分に切る。
6 左右の腹ビレを切り取る。
8 2枚の片身と、青緑色をした背骨がT字型になって残る。

5 刺し身には腹部を使う。
7 背骨より1cmほど離して腹骨を切る。切り口から包丁を水平に差し込んで身を削ぎ取るようにする。
9 腹骨を切り取り、血合い骨を切り取って、サク取りする。2枚の片身は4本のサクになる。

■ 刺し身

10 オキザヨリの刺し身。青みがかった背身と白い腹身。

■ 塩焼き

11 塩焼きにすると身はより引き締まる。脂っ気の感じられない、アスリートの筋肉だ。

ハマダツ *Ablennes hians* 冬

12　ダツ目ダツ科ハマダツ属（1種）。本州以南の沿岸表層性で、全長1.2 m。オキザヨリの次に大型で、尾柄部側面に黒斑が並ぶ。

■ 塩焼き

13　ハマダツの塩焼き。

ヒメダツ *Platybelone argalus platyura* 夏

14　ダツ目ダツ科ヒメダツ属（1種）。南日本の沿岸表層性で、全長50 cm。伊豆諸島青ヶ島にて。

マンボウ（刺し身、塩焼き、煮込み、卵巣の塩辛）

マンボウ *Mola* sp.B 　　　　夏 秋 冬

① 外洋性で全国の表層を遊泳する。相模湾の定置網でも、ときに4mを超すマンボウが捕れることがある。

② 解体は船上か漁港で行われる。

■ 刺し身

③ マンボウの刺し身には、筋肉（白身）に肝をたたいて添える。右の竹串は腸（百尋、ひゃくひろ）で、昔は漁師の自家食用だった。

④ マンボウの刺し身には、肝が添えて売られる。身は肝と一緒に食べてこそ、美味なのだ。

フグ目マンボウ科マンボウ属（2種）

マンボウ

刺し身、塩焼き、煮込み、卵巣の塩辛

　全長4m（2t）以上になると、漁師は畳何枚で大きさを表し、重さは計り知れない。相模湾の定置網には1.5m前後の若いマンボウがよく捕れる。漁師の言う30年前の話は、今から数えると60年も昔のことだろうか。

　「むかしゃ薬用に肝油をとったモンで、肉はちょこっとしかねぇべぇ。今みてぇに、追っかけてまで捕らんかったおぉ」。

　遊漁船の漁師が、突きん棒でマンボウを捕らえたのだ。得意そうに帰港する姿を遠目に、爺さまはつぶやいた。海に浮かぶマンボウを見つけ、勇んで近寄ると腹をえぐられた後だった…そんな話しが日常であった。珍しさを売りに、料理屋が扱い出したのだ。

　可食部とされた部分は確かに少ない。ほかは食べられないのか、と何度も実験をした結果、頭部に無理がある程度だった。むしろ肉以外に、マンボウの真骨頂はあった。

■ 塩焼き

5 百尋とは、1尋が両手を広げた長さ×100の意。長い円筒形を開いて洗い、筋を取り除く作業は楽じゃない。

6 モツ煮もいいが、竹串に刺した塩焼きは、魚の腸とは思えないうまさだ。

■ 煮込み

7 ぶ厚い皮の白い部分を煮込むと、半溶けの冬瓜のようになる。肝や腸も入れるとコクが増し、子供らも大喜び。

■ 茶袋（卵巣）の塩辛

8 特大マンボウに発見される卵巣は、別名を茶袋。魚類では最多と言われる約3億個もの卵が詰まっている。上野輝彌、坂本一男の『日本の魚』には「浮遊卵で、海の表面が真っ黄色になるという話しを聞いたことがある」とある。成魚になる確率は3億分の何匹だろうか。

9 薄塩のぬるま湯で、大まかにほぐして水を切る。

10 塩と酒に漬け、かき混ぜながら3日ほど冷蔵庫へ。マンボウの卵巣の塩辛は、ちょいと貴重だ。

サケガシラ　*Trachipterus ishikawae*

冬

サケガシラ（肝しょう油の刺し身、昆布締めの塩焼き、みそ漬け、煮つけ）

1 投げ捨てられ、沈んでいくサケガシラ。
2 1m以上のサケガシラ。
3 大きな目は、泣いているように見える。

アカマンボウ目フリソデウオ科サケガシラ属（2種）

サケガシラ

肝しょう油の刺し身、昆布締めの塩焼き、みそ漬け、煮つけ

　近い仲間にリュウグウノツカイやアカナマダがいて、深海の珍魚などと呼ばれることもあるが、彼らは沿岸定置網にけっこう入る。富山湾の漁師はサケガシラを花魁（おいらん）と呼び、夜の漁業で幻想的な姿を見せてくれた。
　遠目にはタチウオのお化けのようで、やがて網が絞られて近くに来ると、浮き沈みする死人に見える。青白い体と、見開いた目のせいだろう。すると漁師は手鉤に引っかけて、網の外へ投げ捨ててしまう。1匹をカゴに確保して、やれやれと安心していたら中身がない。
　「あんなモン、捨てちまったぁお」。
　その日最後の1匹は、カゴに足を入れて押さえ、港まで持ち帰った。食えないと決めつけられるサケガシラの味を確かめたかった。食べたことがない漁師たちと、試食会をやった。不思議な食感に戸惑いながらも、うなずくしかない、そんな味だった。

■ 下処理

④ 腹ワタから肝を取り置き、長い体は料理しやすいように切る。

⑤ 皮をまな板に残して、寒天質の身を削ぎ切りする。

■ 刺し身

⑥ 肝とみそをたたいて、肝ダレを作る。

⑦ サケガシラの刺し身は、肝ダレで食べる。肝のコクがとてもいい。

■ 昆布締めの塩焼き

⑧ 切り身に塩をして、1晩昆布に包む。昆布締めの塩焼きは、ほどよく水分が抜ける。

■ みそ漬け

⑨ 切り身のみそ漬けは、万人向け。飯のおかずだ。

■ 煮つけ

⑩ 頭部の煮つけは、やや甘辛味が合うようだ。食べ応えがある。

サケガシラ（肝しょう油の刺し身、昆布締めの塩焼き、みそ漬け、煮つけ）

ソコダラの仲間(刺し身、肝入りの煮込み)

1 トウジンの仲間 *Coelorinchus japonicus* 夏秋冬

① 岩手県以南の水深240～1,000 mの砂泥底にすむ。全長67 cm。

イバラヒゲ *Coryphaenoides acrolepis* 夏秋冬

② 北海道以南の水深300～3,700 mの砂泥底にすむ。全長75 cm。

タラ目ソコダラ科トウジン属(23種)／ホカケダラ属(13種)

ソコダラの仲間

刺し身、肝入りの煮込み

　ソコダラの仲間は多く、素人には見分けがつかない。そこでトウジンであろうとい1種に的を絞り、参考としてイバラヒゲを紹介する。それらは水深数百mから数千mを移動する、暗闇の大所帯である。キンメダイなどを狙った縦延縄漁のうるさい外道であったり、定置網に入ればゴミのように捨てられたり。数が多いだけに、もったいない。どうにかならないものかと思うが、漁業者は見て見ぬふりをするしか術がない。神奈川県水産総合研究所では、イバラヒゲの試食実験を催したことがあったが、功を奏しなかったようだ。ソコダラの仲間は深場を移動するせいか、漁獲が安定しないのだ。

　トウジンは全長67 cmあっても、頭部と細長い尻尾を取ると可食部は20 cmほど。腹ワタや骨を抜いたら、さらに少なくなってしまう。歩留まりも悪いのだが、おいしい魚を捨てることはない。加工してでも、日の目を見せてあげたいと思う。

■ 下処理

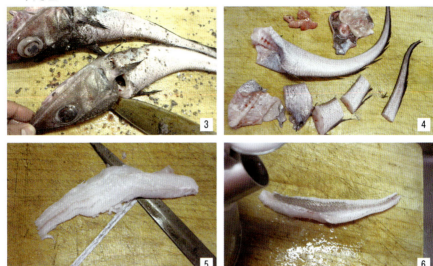

3 粒状のウロコは、すぐに剥がれ落ちる。
5 3枚に下ろしたら、皮を引いてもよし。
4 頭部を落としたら水洗い。肝と胃袋は取り置く。
6 皮面を湯引きしてもよし。

■ 刺し身

7 刺し身は、皮引きと湯引き。優しい味わいだ。

■ 肝入りの煮込み

8 刺し身に向かない箇所はぶつ切りにして、開いて洗った胃袋と肝を揃える。
9 肝味の効いた煮込み。コクがあって、うまい。

アカチョッキクジラウオ *Rondeletia loricata* 春夏秋冬

1. カンムリキンメダイ目アンコウイワシ科アンコウイワシ属。全長10cm。北海道から駿河湾の太平洋沖、水深約800m以深。ウロコはない。

2. 青ネギだけを散らした薄い塩味は、煮魚にしても魚本来の味が確認できる。おいしい魚であった。よしんば、もう少し大きくて食べ応えがあったなら…。

トゲラクダアンコウ *Oneirodes thompsoni* 春夏秋冬

3. アンコウ目ラクダアンコウ科ユメアンコウ属。雌で全長15.3cm。属によって雌の体に寄生し、やがて同化して生殖活動をする微小な雄がいる。青森県から茨城県の太平洋沖、水深300〜2,056m。ウロコはない。

4. 青ネギを散らした薄い塩味で煮る。とろとろしてつかみ所のない身は、甘みがあって非常においしい。1人1匹で、超高級料理になりそうだ。

深海の珍魚

塩煮、丸干し、丸かじり…

　東京海洋大学の研究生は学部が違っても、魚好きはいろいろな形で魚を追いかける。海底深い底曳き網の調査船にのった後など、うれしそうに電話が掛かってくるのだ。「細胞サンプルは採取しました。試食会をやりましょう」海洋政策文化学科・馬場治研究室は酒宴もアカデミックである。不思議な魚たちを肴に、海を語る。

　『日本産魚類検索・全種の同定　第三版』（中坊徹次編・2013）に掲載された日本産魚類の種数は4,180。その後も種数は増えていると聞く。地球全体を想像したら、10倍で

カゴマトウダイ *Cyttopsis rosea* 春夏秋冬

5 マトウダイ目ベニマトウダイ科カゴマトウダイ属。全長15cm。福島県から駿河湾の太平洋沖、水深100～1,000m。腹側の稜鱗に強い棘がある。サンプルの個体は小さくて、おいしい魚ゆえに残念だった。

ハダカイワシの仲間 *Diaphus watasei* 春夏秋冬

6 ハダカイワシ目ハダカイワシ科ハダカイワシ属（33種）。水深100～2,005mにすみ、夜間は100m以浅にも上がってくる。これらは発光器をもち、ハダカイワシ属はその配列で種が決まるようだ。仲間が非常に多く、生息数もおびただしいと思われる。光りの届かない深海では恐らく、食物連鎖の底辺にいるに違いない。アンコウやキンメダイの胃袋からよく出てくるからだ。脂が強く栄養価も高いとあっては、願ってもない獲物。光りを灯して居場所を教えてくれるのだから。

7 発光器、薄気味悪くもある。

　はかない魚類が私たちと同じ時間を生きている。深い海の底から、それはたまたま地上に引き揚げられた魚たちだった。

　魚に限らず、食材としての生き物は見慣れないと口にしづらい。好奇心が勝って食べるせいか、普通の魚の味に驚くことが多い。深海の魚は全体に柔らかく、トロッとした感じだが、感想は「うまいじゃん…」であった。資源はまだ眠っている。

　深海底の世界は、宇宙のように不思議に満ちている。その生命もまた、私たちのルーツにつながっているのだ。

アカチョッキクジラウオ・トゲラクダアンコウ・カゴマトウダイ（塩煮）／ハダカイワシの仲間（丸干し）／ワニトカゲギス／オグロコンニャクウオ／カンテンゲンゲ／サイウオ

⑧ 塩水に浸してからの丸干しが一般的。

⑨ 頭から丸ごと食べれば目を見張るほどうまい。もっと市場に出ていい魚だ。

キュウリエソの仲間
Maurolicus japonicus　春夏秋冬

オグロコンニャクウオ
Careproctus furcellus　春夏秋冬

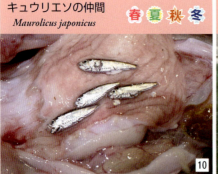

⑩ ワニトカゲギス目ネムリエソ科キュウリエソ属（1種）。全長3〜5cm。水深50〜300mの中深層遊泳性。アンコウの胃袋から出てきた1匹をそのまま丸かじりしたところ、脂が強くうまい魚だと思った。

⑪ スズキ目クサウオ科コンニャクウオ属（19種）。水深98〜1,270mにすむ。全長46.1cm。

カンテンゲンゲ
Bothrocana tanakae　春夏秋冬

サイウオの仲間
Bregmaceros japonicus　春夏秋冬

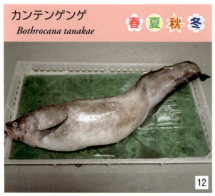

⑫ スズキ目ゲンゲ科シロゲンゲ属（3種）。水深200〜900mにすむ。全長50cm。

⑬ タラ目サイウオ科サイウオ属（6種）。水深596〜1,020mにすむ中層遊泳性。全長13cm。

シロシュモクザメ *Sphyrna zygaena* 夏 秋 冬

1. 全長4mを超えて群泳する。人を襲うから要注意。頭部先端に凹みがあるとアカシュモクザメ。

■ 下処理

2. 腹を開いて、肝は胆のう（苦玉）を取り除いて使う。（ホシエイの項を参照、P184）
3. 身の厚い胴部を、刺し身に使う。

■ 刺し身   ■ 煮つけ

4. シュモクザメの刺し身。歯応えがあって、イヤな臭みはまったくない。
5. ハンマーヘッドの煮つけ。珍しさもあって、食べ尽くされてしまった。残骸はTボーンで、左右の端に目玉も残る。

メジロザメ目シュモクザメ科シュモクザメ属（3種）

シロシュモクザメ

サメ肝、刺し身、煮つけ

　群れるサメで4mを超え、人を襲うこともある。撞木（しゅもく）は鐘を打つT字型をした棒で、撞木杖なんてのもある。現代は英名のハンマーヘッドの方が、わかりやすいかもしれない。

　練り製品の原料にされるようだが、シュモクザメの切り身が市場に流通することはまずない。撞木棒でたたいて海へ捨てるくらいなら、食べたらいいと思う。そんなに嫌うほど、まずいサメではないのだ。

ドチザメ・ホシザメ（刺し身）

ドチザメ *Triakis scyllium*

1 ドチザメの活け水槽。千葉の魚屋で。青森県以南の砂地や藻場にいて汽水域にも出没する。全長1.5ｍ。食文化は各地に残る。

2 水槽から揚げると活け締め。

■ 下処理、刺し身

3 腹ワタを出したら水洗いして、背ビレの際から開いていく。

4 中骨を取って3枚に下ろしたら、皮を引いてサク取り。

5 刺し身は、酢みそで食べる。

メジロザメ目ドチザメ科ドチザメ属（1種）／ホシザメ属（2種）

ドチザメ・ホシザメ　　　刺し身

　ドチザメは汽水域にも入り込み、日本沿岸では最も多く見られるサメ。海水浴などの素潜りで、海底の岩穴に数匹を見つけることもあった。ヤツらは音もなく群れ、聞き耳をたて、目の奥で相手を捕らえている。

　そんなドチザメを、好んで食用にする地方がある。関東は千葉、茨城の漁師町で旬は夏。ホシザメもドチザメも分け隔てず、魚屋の水槽から、活け締めをして持ち帰る。酢みそで一杯、と笑っていた。

ホシザメ *Mustelus manazo*   夏 秋 冬

① 水揚げされたばかりのホシザメ。全国の沿岸の砂泥底にいて、ドチザメより好まれる。全長1.4m。

■ 下処理

② 腹ワタを出して水洗い。

③ 片身を下ろしたら、残った片身から背骨を外す。

■ 洗い

④ 皮を引いてサク取りしたら、刺し身は薄く削ぎ切って冷水で洗う。

⑤ ホシザメの洗い。やはり酢みそがよく似合う。

アオザメ　*Isurus oxyrinchus*

■ 下処理

1 3mほどのアオザメ。最大4m。全国の沿岸と外洋の、表層から水深650mを泳ぐ。定置網で捕獲されると蒲鉾などの加工業者が引き取っていく。

2 骨を外したらサク取り。

■ 刺し身

■ ステーキ

3 アオザメの刺し身。上品な白身に驚くだろう。

4 アオザメのステーキ。フライにしても良い。

ネズミザメ目ネズミザメ科アオザメ属（2種）

アオザメ

刺し身、フライ

　人食いザメの異名で恐れられる、ホオジロザメの仲間で4mになる。全国の沿岸表層から水深650mまでを行き来する。暴れて漁網を破壊するわ危ないわで、漁業でも嫌われ者だが蒲鉾では高級食材だ。またサメの身は日持ちが良いとして、食習慣のある地方では売れる。

　アオザメは、アメリカで超高級魚とも聞く。サメ食文化は、日本にもっと広まっていいと思う。

ネズミザメ *Lamna ditropis*　冬　春先

① 気仙沼港のネズミザメの水揚げ風景。全国の表層から水深650mに群泳する。全長3m。

■ 切り身

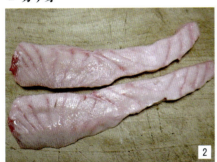

② ネズミザメの切り身。脂がのって柔らかく、とてもうまい。

■ ステーキ

③ ネズミザメのステーキ。

ネズミザメ目ネズミザメ科ネズミザメ属（1種）

ネズミザメ

ステーキ、心臓の刺し身、卵黄のグラタン

水揚げは、真冬の気仙沼港が本場だ。3mものネズミザメが数百匹も、港の床を埋め尽くす。腹を開かれるから辺りは血の海、外の白い吹雪もあいまって壮絶な光景である。この地方ではネズミザメを「もうか」（モーカとも表記される）と呼び、とくに心臓を「もうかの星」として珍重する。所変わって相模湾になると、サメの食文化がない。捕れたネズミザメの腹から、50cmもある胎児が出てきて、1匹をもらったことがある。

ネズミザメ（ステーキ、心臓の刺し身、卵黄のグラタン）

■ 心臓の刺し身（もうかの星）

4 ネズミザメの心臓は「もうかの星」。地元では超高級珍味だ。

5 もうかの星は刺し身で食べる。上等な馬刺しに似た、食感と味わい。

■ 卵黄のグラタン

6 相模湾の定置網で捕獲された、ネズミザメの腹から出てきた胎児。腹にぶら下がる大きな袋は仲間の卵を食べて膨らんでいる。袋を破ると黄身が流れ出る。

7 試行錯誤して作った、卵黄のグラタン風はかなり栄養価が高いと思われる。まずくはないのに、少量で満足してしまう。

ニタリ *Alopias pelagicus* 　秋 冬

1 大きな魚は腹を開く前に、扱いやすいよう切断する。

2 外洋の表層水深150mほどにいて、沿岸にも出没する。3.9m。

■ 下処理、刺し身

3 サク取りした胴部。

4 身は緻密にして甘みがある。ニタリの刺し身。

■ 塩焼き

5 頭部の塩焼き。鼻先の脂とゼラチン質が、こってりしてサメとは思えない。

ネズミザメ目オナガザメ科オナガザメ属（3種）

ニタリ

刺し身、塩焼き

　仲間にマオナガ、ハチワレがいて、ニタリは全長3.9mとやや小型。それでも尾の長さにはビックリする。その尾を水中で振り回し、魚を失神させて食べるという。ホントかなぁ…と思うが、尾はムチのようにしなやかである。サメ類に限らず、科や属が同じなら身質も似たようなモノと考えがちだが、大きな間違いである。ニタリを食べたからといって、ハチワレやマオナガの味は語れない。ニタリはねっとりと絡みつくような白身である。

フトツノザメ（卵黄の甘辛煮）

フトツノザメ *Squalus mitsukurii*

冬 春 初夏

1 本州以南の水深29〜799mにいて、東京湾にも多い。全長1.3m。

■ 下処理、煮つけ

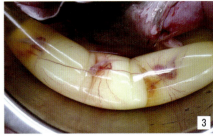

2 1本のカプセルには5個ほどの卵黄が詰まる。
3 1個ずつの卵黄に、1匹ずつの稚魚が抱きついているのが見える。
4 カプセルから出した卵黄は、甘辛味に煮つける。鶏卵の黄身よりも固い。

ツノザメ目ツノザメ科ツノザメ属（8種）

フトツノザメ

卵黄の甘辛煮

　魚類の板鰓亜綱はサメ区とエイ区に分かれ、さらに科・属・種と広がっていく。卵生もあるが多くは胎生だ。子が育つ腹の中の世界は、壮絶を極めるものと思われる。子どもらは生まれ出る前から母内内で、弱肉強食の戦いをしているようだ。

　様々なあどけない胎児を見てきたが、フトツノザメのそれは、まだ卵黄に張り付いた2cmほど。早く自分の卵黄を食べ尽くした者が仲間を襲うのだろう。

172　第1章　魚類

エドアブラザメ *Heptranchias perlo* 冬 春 初夏

1. 深く緑色に澄んだ目も、エドアブラザメの特徴だ。大陸棚斜面の水深約1,070mまで。北海道南部より生息。全長1.5m
2. まな板に置いた途端、尻から子供の尻尾がのぞいた。
3. 死んだ親魚から、生きた子が出ることはない。

■ 刺し身　　　　　　　■ 煮つけ

4. マシュマロのような、エドアブラザメの刺し身。
5. 煮つけた子供は、頭からいただく。

カグラザメ目カグラザメ科エドアブラザメ（1種）

エドアブラザメ

刺し身、煮つけ

　珍しい魚ではないが、漁師は中型（1.5m）のサメ類としか見ていないだろう。エドアブラザメの特徴は、多くのサメ類の鰓孔が5本なのに対して7本あることである。
　料理して驚くことは、身が真っ白いマシュマロ質であること。この白身がなかなかうまいのだ。
　サメ・エイの類は春ごろが繁殖期で、浅場にやってくるのだろう。定置網に掛かる雌は、必ずのように子を宿している。

ノコギリザメ *Pristiophorus japonicus* 冬春

① 水深10～800 mの砂泥底にいて、やや南方系。全長1.5 m。

② ノコギリザメには、ノコギリの中ほどに1対のヒゲがある。

ノコギリエイ *Pristis microdon* 冬春

③ 沿岸域から汽水域にも侵入する。亜熱帯系で全長6.6 m。水族館で来館者の注目を集める巨大なノコギリエイ。

ノコギリザメ目ノコギリザメ科ノコギリザメ属（1種）
ノコギリエイ目ノコギリエイ科ノコギリエイ属（1種）

ノコギリザメ・ノコギリエイ　　刺し身

　ノコギリザメは全長1.5 mで、本州から沖縄まで広く分布する。ノコギリエイは全長6.6 mと大きく、より南方系だ。似たような恰好でも、サメとエイの違いははっきりする。鰓孔が側面に見えたらサメ、腹側に隠れたらエイ。どちらも水族館の人気者で、食用には聞かない。

　相模湾の定置網にも入るノコギリザメは、食用にして悪くないと思う。美しい白身は味わいも上品で、万人がうまいと言うに違いない。サメの肉を違和感でとらえると、魚食の世界を狭めてしまう。

■ 下処理

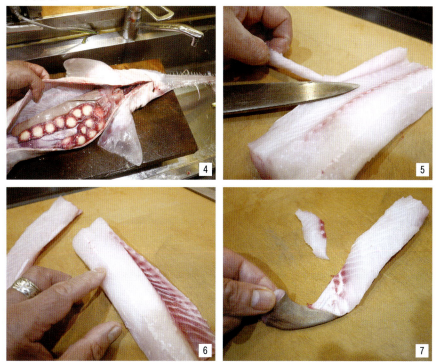

4 腹を開いて腹ワタを出す。肝と卵巣の扱いはエイ類の項を参照。
5 身の厚い腹部を3枚に下ろして、腹骨を切り取る。
6 血合い骨を切り取って、片身を2本のサクにする。
7 身は削ぎ切りして、皮1枚をまな板に残す。

■ 刺し身

8 ノコギリザメの刺し身に、酢みそを添える。乾燥しやすい頭部は置物に。

ギンザメ（サメ肝、刺し身、塩焼き、煮つけ）

ギンザメ *Chimaera phantasma*　冬 春

① 背ビレの棘1本が武器。日本海と関東以南の水深10〜699mに見られる。PAL（肛門前長）75cm。

② 縫い合わせたような、ギンザメの顔。

③ 不思議なほど大きなクラスパー（交接器）がぶら下がる。

ギンザメ目ギンザメ科ギンザメ属（3種）

ギンザメ

サメ肝、刺し身、塩焼き、煮つけ

　軟骨魚綱でも、全頭亜綱に分類されるサメの仲間。不思議な魚の形態は筆舌に尽くしがたく、見てもらうしかない。全長も体長も計りづらいから、口先から肛門までの位置、肛門前長（PAL）で体長を表す。ギンザメの成魚は、75cmPAL。けっこう、大きい。なぜなら肛門から尾の先端まで、まだ3分の2以上もあるからだ。

　水深700mほどの深場にいて、夜間に餌を求めて浮上すると思われる。3種の中でギンザメが最も多く見られ、相模湾の定置網では常連だ。しかし、食材として流通することはない。投げ捨てられるか、物好きが安い値で引き取っていく。まれに、それだけだ。

　緑色に澄んだ大きな目は、悲しそうだ。軟らかい体の背ビレ1棘が、釘のように固く鋭い。魚類学者は疑問視するが、漁師は毒棘として即座に折り捨てる。刺されたことはないが、私は漁師の言葉に従い注意を呼びかける。君子、危うきに近寄らず…だ。

■ 下処理

③ 大きな肝臓から胆のう（苦玉）を取り除く。肝の料理法は、ホシエイの項を参照（P184）。

④ 頭部には胸ビレを、腹部には腹ビレをつけて、全身を3つに切り分ける。

■ 刺し身

⑤ 刺し身には腹部を使う。腹ビレを切り取る。

⑥ ギンザメの刺し身。噛み切るような触感の後に、甘みが香る。

■ 塩焼き　　　　　　　　　■ 煮つけ

⑦ 頭部の塩焼き。肉が多く、食い応えあり。

⑧ 頭部の煮つけには、肝を入れると濃厚な味わいだ。胸ビレが煮えて弾けると、まさにフカヒレ。

カスザメ（刺し身、卵料理、稚魚の煮物）

カスザメ *Squatina japonica*

秋 冬 春

① 全国の水深20〜200mの砂泥底にすむ。全長2m。漁師は脳天を一撃して、即殺する。

■ 下処理

② タワシで、大まかなヌメリを洗い流す。

③ 腹を開いてから、胸ビレなどを切り離す。

カスザメ目カスザメ科カスザメ属（3種）

カスザメ

刺し身、卵料理、
稚魚の煮物

　エイのようなサメ、サメの名がつくエイ。大まかの分類は鰓孔（エラの溝）が体の側面に見えていればサメ、腹側に隠れていればエイだ。平たいカスザメはエイのように見えるが、サメである。大きな胸ビレの先端角度は約90°で、100°以上開いていたらコロザメだ。どちらも全長2mになるが、タイワンコロザメは65cm。

　沿岸の砂泥底にいるため、漁業現場では珍しくないが厄介である。細かいながらも鋭い歯と臼のような強力なアゴで噛みつくのだ。ザラザラした体からは、いつまでも粘液を流れ出る。底曳きの漁師は真っ先に、尻尾をつかんで海へ放り投げる。素人は大きな魚をもったいないと思う。

　カスザメ類は毛嫌いするほどの魚ではない。料理法も至って簡単でおいしくいただける。サメ特有のアンモニア臭もないから、もっと積極的に流通させたらいいと思う。肉もどっしりとして、豊富なのだ。捨てる魚じゃない。コロザメの表皮は、ワサビをおろす"サメ肌"として珍重される。

カスザメ（刺し身、卵料理、稚魚の煮物）

4 大まかな切り身は熱湯に通してから皮を剥ぎ、煮物などの料理に使う。

■ 刺し身

5 刺し身。生のまま皮を引き、酢みそでいただく。美味！

■ 卵料理（煮つけ、吸い物）

6 春先にかけての産卵期は無数の卵黄と、まれに稚魚も腹から出てくる。
7 卵黄は、丸ごと煮ると非常に固い。
8 沸騰させたスープの上に、糸を引くように落としていく。
9 吸い物などに使うと、おもしろい。

第1章 魚類

■ 稚魚の煮物

⑩ 湯通して皮を剥いた煮物に、稚魚を添える。

■ 余談

⑪ 頭部は、煮ても焼いても揚げても…捨てるしかない。

> **コラム** ― 塩・みそ・しょう油 ―

　日本の魚料理に欠くことのできない、三大調味料である。これに長ネギ、米、水が加わると、沿岸漁船の食料なら事足りる。

　みそは添加物のない、昔ながらの田舎風味が好きだ。ダシ入りなどは論外で、粘土のようにペタペタとした練りみそも魚に馴染まない。魚料理のみそには穀物の粒が残るような、荒っぽさが欲しい。

　しょう油は、風土によって好みが分かれる。九州地方の甘いしょう油は、たとえば船上でカツオをたたきで食うときには一等だが、ダシ入りは厳禁。白身魚の1切れには、関東の濃い口しょう油が欲しくなる。スルメイカ、カタクチイワシ、ハタハタなどを使った魚醤も知られるが、大豆を醸しただけのしょう油なら、刺し身に間違いはない。

　魚料理には精製塩のNACL（塩化ナトリウム）でいいと思う。塩は浸透圧で魚の水分を抜き、うまみを凝縮させる。干物やシメサバ、塩辛や煮魚用のぶつ切りを洗うときも塩は欠かせない。刺し身でも嗜好によって、塩で食べることがある。多種のミネラルを含んだ塩は口当たりが柔らかくなり、味わいも深まるからお勧めだ。

　魚のうまみを引き出すために、塩・みそ・しょう油は使わねばならない。だが、主役は魚にあることを、忘れないように。

長ネギとみそだけを使ったマアジ料理。写真下がたたいて混ぜ合えただけの、なめろう。左が氷水に溶いた、水なます。右が皿に伸ばして焼いた、サンガ焼き。

サカタザメ *Rhinobatos schlegelii* 春夏秋冬

① 関東以南の水深20～230mの砂底にすむ。全長1m。サカタザメには小紋模様がない。

コモンサカタザメ *Rhinobatos hynnicephalus* 春夏秋冬

② 関東以南の水深140mまでの砂泥底にすむ。全長70cm。コモンサカタザメはやや小型。

サカタザメ目サカタザメ科サカタザメ属（3種）

サカタザメ・コモンサカタザメ

刺し身、煮つけ、稚魚の丸ごと煮

　鰓孔が腹側へ隠れるためエイ目で扱われていたが、サカタザメ目に独立した。大型で水族館の人気者はシノノメサカタザメで、トンガリサカタザメ目。どちらも変わった魚たちだが、サメよりはエイに近いのだろう。

　サカタザメは80cmほどで、三角形の頭部は薄く広がって吻が尖る。その周辺が、透き通るように美しい。着飾るのではなく、汚れを知らない美しさだ。自然界にあってこんな魚に出会うと、生命の創造主を思わずにいられない。サカタザメ料理で一番うまい箇所も、この頭部軟骨部分だ。

　20m以深の砂底にいて、相模湾の定置網では珍しくない。だが回遊魚のように群れることなく、春の繁殖期に少数が浅場へ登ってくるのだろう。腹を開いて胎児が出てくるのが、この時期だ。アリャ〜、と叫んで、食べてしまう。

■ 下処理、刺し身

③ 肛門まで開き、エラと腹ワタを取り水洗い。胸ビレの際で、頭部を落とす。

④ 細長い尾部は3枚に下ろし、刺し身は酢みそに和える。

■ 煮つけ、稚魚の丸ごと煮

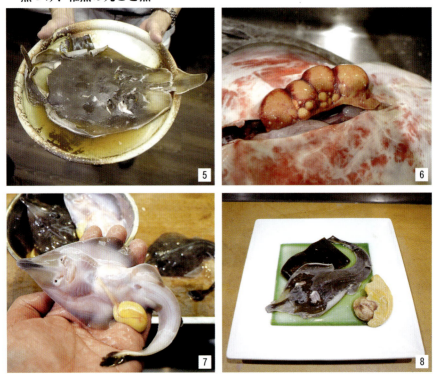

⑤ サカタザメ料理の圧巻、頭部の煮つけは薄味で。
⑥ 卵を胎内でふ化させ、5〜7匹の稚魚を産む。
⑦ 産まれたばかりの稚魚は、栄養源である卵に黄身がついている。
⑧ 稚魚の丸ごと煮は、昆布だけの薄味で。

アカエイ *Dasyatis akajei*

秋 冬

1. 全国の水深3〜780mの砂底域にすむ。DW（体盤幅）88cm。日本各地の沿岸にいて、とくに大発生する。
2. 腹側に返すと、ヒレ縁が黄色いのが特徴だ。
3. エイ類の尻尾には危険な毒棘が1本ある。水洗いする前に切り捨てよう。
4. 地域色の強い食材で、関東ではほとんど流通しない。エイヒレの切り身は、甘辛の煮付けにされる。皮を剥ぐと、手間賃が加わって高くなる。

トビエイ目アカエイ科（7属17種）／ウスエイ科（1属1種）／ツバクロエイ科（1属2種）／トビエイ科（4属12種）

エイの仲間

刺し身、エイ肝、煮つけ、エイひれ、稚魚の煮つけ、煮こごり

　エイの仲間は平たい格好で、細長い尻尾に鋭い毒針をもつ。尻尾の先端までを全長にすると姿が見えないため、体盤幅（DW）つまり成魚の標準的な横幅で大きさを表す。

　アカエイ科は座布団を斜めに置いたような格好で、細長い尻尾に鋭い毒針をもつ。アカエイは88cm DW、ホシエイは1.8m DW、ウスエイは円形で1.5m DW、ツバクロエイは楕円形で1.8m DW、トビエイは巨大なオニイトマキエイ7m DWの仲間で80cm DW。

　エイ料理は、ほとんどのエイ類に共通する。種によって異なる料理法を紹介しているが、応用してほしい。漁業現場で破棄されるのは、需要がないからである。エイのおいしさが漁業者にも伝わったら、海はもっと豊かになる。

ホシエイ *Dasyatis matsubarai*

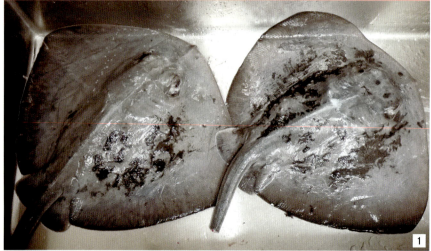

1　1.8 mDW。写真ではわかりづらいが、両眼横から下方に向けて、小さな白点が並ぶことからホシエイである。背面は黒っぽい灰色で、アカエイ属では最大級。毒針の尻尾を切り捨てたら、汚れを洗い流す。

■ エイ肝

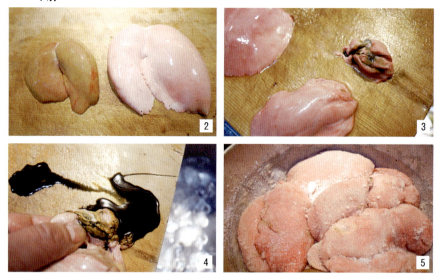

2　エイ類の肝はすべて美味だが、ホシエイは別格だ。同時期の左がアカエイ、右がホシエイ。見ただけで、うまさの違いがわかる。
3　肝には胆のう（苦玉）が埋もれているから、大きく切り取る。
4　胆のうをつぶすと、大変なことになる。
5　胆のうを取り去った肝は、たっぷりの塩にまぶして30分ほど置く。

ホシエイ（エイ肝）／ウスエイ（煮つけ、エイ肝）

6 水洗いしたら巻き簀にラップを敷いて巻き、両端を閉じる。
7 さらにアルミ箔で巻いて型崩れを防ぎ、蒸気抜けの穴を開ける。
8 10〜15分、蒸し上げたら冷凍する。アンコウの肝は常温で固まるが、エイ肝は冷凍して固める。
9 冷凍庫から出して、少しずつ食べる。酒の肴に、これほど喜ばれるものはない。

ウスエイ *Plesiobatis daviesi*　秋　冬

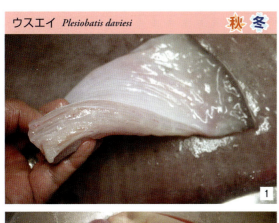

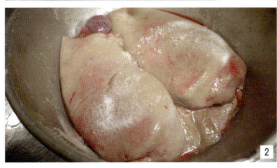

1 体は大きな円形で、1.5 mDW。全身は寒天のように柔らかく、なかば透き通るようでもある。ウスエイの身は、寒天のように透き通ってグニャグニャだが、煮つけて美味。
2 肝は手にもっただけで、うまさがわかる。ずっしりとして、ほれぼれする。エイ肝はホシエイを参照（P184）。

ツバクロエイ *Gymnura japonica* 秋 冬

ツバクロエイ（煮つけ、刺し身、エイひれ、稚魚の煮つけ、煮こごり）

① 1.8mDWは、左右に翼を広げたような楕円形。つばくろ、はツバメ。黒いヒレを、ツバメの翼に見立てたのだろうか。

■ 下処理

② 短い尻尾にも毒棘はある。

③ 腹側に返し、エラ孔を境に左右のヒレを切り取ったら水洗いする。

■ 煮つけ

④ ヒレは適宜に切って、薄味で煮つける。軟骨だから、残さず食べられる。

■ 刺し身

5 ヒレ皮を生のまま、力いっぱい剥がす。
6 ヒレを3〜4cm幅に切ったら、厚い背身を骨筋に沿って削ぎ取る。
7 エイの刺し身は、酢みそ和えがうまい。

■ エイひれ

8 自家製のエイヒレだ。生皮を剥がしたヒレは塩と酒に浸して、3時間ほど置く。
9 芯まで乾燥させない生干しを、ヒレ際が焦げないようアルミ箔で保護しながら、弱火でこんがり焼上げる。自家製を食べたら、ほかには見向きもしなくなるだろう。

■ 稚魚の煮つけ

10 春先から初夏にかけて、エイ・サメ類は胎内に子をもつ。思わず、アリャ〜ッと叫んでしまうが仕方ない。ツバクロエイからも、5匹ほど出たことがある。
11 極薄味で煮つけ、丸ごといただく。儚さも、味のうちだ。

ツバクロエイ（煮つけ、刺し身、エイひれ、稚魚の煮つけ、煮こごり）

■ 煮こごり

ツバクロエイ（煮つけ、刺し身、エイひれ、稚魚の煮つけ、煮こごり）／トビエイ（湯引き、肝みそ添え）

⑫ 畳1枚ほどのツバクロエイが、店に入荷した。活け締めしたブリの血が流れて、壮絶な光景である。アルバイトの女子大生が、呆然と立ちつくす。

⑬ 出刃包丁1本で可食部を細切れにして、血色が出なくなるまで何度も水洗いする。大鍋で煮ながら、昆布出汁と塩だけで味つけをする。バットに入れて冷ますと、すばらしい煮凝りになった。煮凝りにするなら、サメよりエイである。

トビエイ *Myliobatis tobijei* 秋 冬

① 7mDWのオニイトマキエイの仲間で、トビエイは80cmDW。大型はマンタの名で人気がある。彼らはときとして、空中を舞うように跳びはねる。のたりとしたイメージのエイと違い、シャープな体つき。鋭角なヒレに、特に長い尻尾をもつ。毒針の尻尾は、即座に切り落とす。

トビエイ（湯引き、肝みそ添え）

■ 下処理

2 腹側に返したら、エラ孔際で左右のヒレを切り離す。
4 生皮を、力いっぱい剥がす。
3 汚れたヒレは、タワシでしっかり水洗いする。
5 刺し身は骨筋ごと、斜めに薄切りにする。

■ 湯引き、肝みそ添え

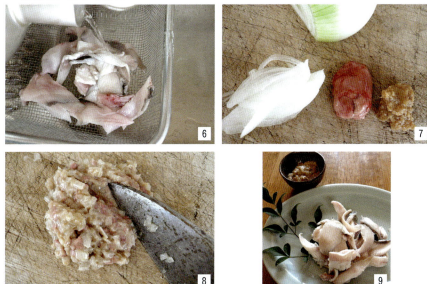

6 湯引きしたら冷水に取り、水気を拭き取る。
8 これをしっかり、たたき和える。
7 エイ肝に、みそと玉ネギを用意する。
9 トビエイの湯引き、肝みそ添え。

シビレエイ（煮つけ）

シビレエイ *Narke japonica*

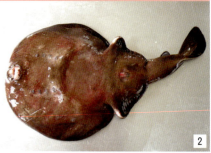

[1] ヤマトシビレエイ属など1mになる仲間もいるが、シビレエイは30cmほどの小型種。漆を塗ったような深い光沢に、しばし見とれる。

[2] 腹側に返すと、小さな口を発見する。若狭湾と関東以南の水深155mまでの砂底にすむ。全長37cm。

■ 煮つけ

[3] 薄味でゆっくり煮つけるのは、軟らかい体の煮崩れを防ぐためだ。

[4] 箸で身の片隅をつつくと、白身は粒々に崩れていく。

シビレエイ目シビレエイ科シビレエイ属（2種）

シビレエイ

煮つけ

　発電して水中生物だけでなく、人をも驚かす魚類はけっこういる。強力なデンキウナギほどではないが、シビレエイも触れるとビリビリくる。おもしろがる研究者もいると聞くから、電力は50Vほどなのだろう。

　直系15cmほどの円形の体に、太短い尾部がつく。発電器官は目から胸ビレにかけた筋肉で、可食部のほぼ全てを占める。とはいえシビレエイが食用で、市場に出回るとは聞いたことがない。漁業現場では厄介者の最たるもの、長靴で蹴っ飛ばして海へポイ。間違って港に揚がっても蹴っ飛ばされる運命だ。

　死んでしまえば、ぶよぶよするだけで危険はない。試しに煮てみると、筋肉は積み上げたレンガを崩すように、バラバラと散らばる。白い小さな1個を拾うように食べるのだが、味わいは軟らかなおもしろさにあるようだ。無言で笑っていると周囲から箸が伸びて、腹側の肝に至るまで食べ尽くしてしまった。1mになるシビレエイ科もあって、食味や安全性は未知の世界である。試食は自己責任にしても、要注意だ。

ヌタウナギ *Eptatretus burgeri* 夏 秋 冬

① 浅海域から水深740mにいて、全長60cm。仲間のクロヌタウナギ、ムラサキヌタウナギも混同されているようだ。粘液に包まれている。

■ 下処理

② 口から串を刺すのだが、粘液のせいで、押さえている布はすぐ使い物にならなくなる。

ヌタウナギ目ヌタウナギ科ヌタウナギ属（3種）

ヌタウナギ

出雲崎の浜焼き

　魚類分類では、無顎上綱ヌタウナギ綱から始まる。たぶん、原始的な魚なのだろう。ヤツメウナギなど顎（アゴ）がない無顎類は、胸ビレや尾ビレのある魚（顎口類）とは大きく異なる脊椎動物群だ。

　韓国に行くとウナギの皮と称する、財布やバッグなどを見る。それはヌタウナギの皮であって、専門料理店もある。日本ではアナゴと称して、伝統的に食べている地方がある。有名所では秋田県男鹿半島の「棒アナゴ」、新潟県出雲崎の「アナゴの浜焼き」だ。出雲崎育ちの私は東京に出て初めてアナゴを食べ、こりゃ違うと思った。頭を整理するのに数年も要したのだから、郷土名も酷なことをする。

　食文化は日本海を中心としているが、ヌタウナギは相模湾にも多く、定置網にも入る。彼らは丸い口を武器にして魚の腹に食らいつき、体内へ潜り込んで内側から食い尽くす。ネバネバの強い粘液を出すのも厄介で、漁業では嫌われ者。しかし…コイツが、うまいンだな。

ヌタウナギ（出雲崎の浜焼き）

③ 産卵期の夏は、糞と一緒に白い卵がとびだす。　④ 串に刺し終えた、出雲崎のアナゴ。

■ **出雲崎の浜焼き**

⑤ 海砂を土間に運ぶ、出雲崎の浜焼き。
⑥ アナゴの浜焼きは、ヌタウナギだった。
⑦ 皮を剥ぐと、ヘビのような筋肉が現れる。
⑧ アゴが無い口には、6本のヒゲがある。
⑨ 周りを食べると、杉の葉に似た舌歯が4枚出てくる。

第 2 章

イカ類
タコ類
貝 類

■ コウイカ類（頭足綱鞘形亜綱コウイカ目コウイカ科）

コブシメ（墨汁）／シリヤケイカ（生干し）／テナガコウイカ（刺し身）／ヒョウモンコウイカ（刺し身）／カミナリイカ（刺し身）

コブシメ *Sepia latimanus* 　夏 秋 冬

1. 九州南部から熱帯西太平洋およびインド洋の沿岸域にすむ。ML（外套長）40cm。世界最大のコウイカで、約2年で甲長50cmになる。沖縄で「くぶしみ」とは、広い手のひらを意味するという。
2. コブシメの刺し身。
3. 沖縄料理の墨汁には、くぶしみの墨汁が欠かせない。白いご飯も口も歯も、真っ黒だ。
4. コブシメの甲骨、デカイ。

イカの仲間

墨汁、生干し、刺し身、湯通し

　耳慣れる「イカ足10本・タコ足8本」は、例外もあって適切でない。イカ類の特徴は第一に、吸盤が角質の牙状になっていること。第二は、吐き出す墨に脂質が多いため、水中に留まって擬態の役割を果たす。
　2016年、イカ＆タコの分類は従来のツツイカ目が消えて様変わりした（右ページの表を参照のこと）。研究者の長年による努力が、その世界を広げてくれた。素人にもわかりやすいのは、アオリイカがコウイカ目に近づいたことだろうか。生態からして、さもありなん…である。

シリヤケイカ *Sepia japonika*

 冬春

■ イカ、タコの仲間の分類

オウムガイ亜綱 Nautiloidea
  鞘形亜綱 Coleoidea
    十腕形上目 Decapodiformes
      ナツメイカ目 Bathyteuthoidea
      ヒメイカ目 Idiosepiida
      閉眼目 Myopsida
      開眼目 Oegopsida
      コウイカ目 Sepioidea
        コウイカ亜目 Sepiida
        ミミイカ亜目 Sepiolida
      トグロコウイカ目 Spirulida
  八腕形上目 Octopodiformes
    タコ目 Octopoda
    コウモリダコ目 Vampyromorpha

1 東北地方南部以南の陸棚域にすむ。ML（外套長）18 cm。群れをつくるコウイカで、回遊までする。
2 胴の後端に尾腺という分泌腺があり、褐色に汚れることから尻焼けイカの名がある。
3 開いて皮を剥ぎ、日陰で半日ほど干す。
4 シリヤケイカのやや固い身は、生干しを焼くことで小気味よい。
5 分泌腺で焼けた尻は、苦くて食えない。

（参考文献）Reid. A. (2016) Cephalopods of Australia and Sub-Antarctic Territories.

コブシメ（墨汁）／シリヤケイカ（生干し）／テナガコウイカ（刺し身）／ヒョウモンコウイカ（刺し身）／カミナリイカ（刺し身）

縦書き：コブシメ（墨汁）／シリヤケイカ（生干し）／テナガコウイカ（刺し身）／ヒョウモンコウイカ（刺し身）／カミナリイカ（刺し身）

テナガコウイカ *Sepia longipes* 冬

1. 上がコウイカ（墨イカ）、下がテナガコウイカ。甲はピンク色をして、割れやすい。本州中部から九州南部の上部陸棚斜面域。ML（外套長）30 cm。
2. テナガコウイカのとても長い、腕。
3. 刺し身にはゲソも皮も湯引いて添える。

ヒョウモンコウイカ *Sepia (Doratosepion) pardex* 冬

1. 相模湾から東シナ海まで分布する中型のイカ。外套背面の豹紋が特徴だ。本州中部太平洋側から東シナ海の陸棚域にすむ。ML（外套長）20 cm。
2. 刺し身は柔らかくて甘みがあるおいしいイカだ。
3. ヒレや皮も湯通して、刺し身に添えよう。

カミナリイカ *Sepia lycidas* 冬

コブシメ（墨汁）／シリヤケイカ（生干し）／テナガコウイカ（刺し身）／ヒョウモンコウイカ（刺し身）／カミナリイカ（刺し身）

1. 房総半島以南から東南シナ海の陸棚・沿岸域にすむ。ML（外套長）20cm。雷神がもつ連太鼓模様に似てカミナリイカだが、モンゴウイカ（紋甲イカ）とも呼ばれる。
2. コウイカ（墨イカ）に対比されて、市場価値を低くしている。
3. 背側の薄い皮を開いて、墨袋を破かないよう甲骨を取り出す。
4. 刺し身には甲を添えるとおもしろい。

■ ミミイカ類（頭足綱鞘形亜綱ダンゴイカ目ダンゴイカ科）

ミミイカ（湯通し）

ミミイカ　*Euprymna morsei*　　　　　　　　　　冬　春

1. 北海道南部から九州の潮間帯から陸棚上にすむ。ML（外套長4cm）。ミミイカダマシ科など似た仲間が多い。
2. 丸ごと数秒湯通しする。
3. 冷水に取って、水気を拭き取る。
4. 丸ごと食べるしかないだろう。

■ ツツイカ類（頭足綱鞘形亜綱ツツイカ目ソデイカ科）

ソデイカ *Thysanoteuthis rhombus* 冬

ソデイカ（干物）

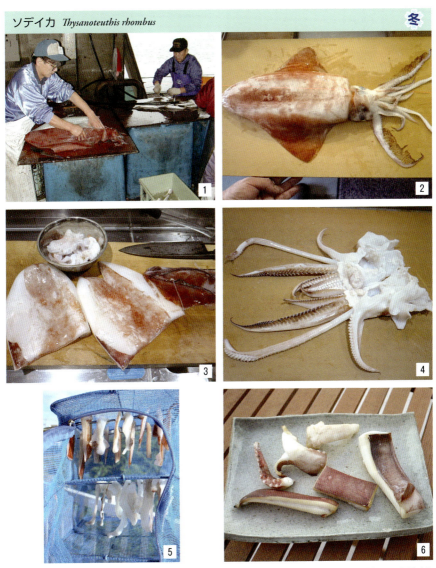

1. 世界の温熱帯外洋域の表中層域にすむ。ML（外套長 80 cm）。スルメイカ、ヤリイカ、アオリイカなど高級イカが勢揃いするツツイカ類の中で、大型のソデイカは加工されて市場に出るため、姿を見る機会がないかもしれない。富山県氷見漁港でも、水揚げされた瞬間に解体は始まった。
2. 幼魚のソデイカ（胴長 20 cm）は、相模湾の定置網にも入る。
3. ヒレは外れても、薄い皮は剥がしづらい。
4. ゲソも開いて口と目玉を外す。
5. 小口切りにしてから塩水に 30 分ほど浸して、しっかり干し上げる。
6. ソデイカの干物は、少し塩辛いくらいがいい。かじりながら、酒の肴だ。

■ その他のイカ

アカイカ(ムラサキイカ) *Ommastrephes bartramii* 冬

1 赤道海域を除く世界の温熱帯外洋域の表中層を群泳する。ML(外套長 45 cm)。別名バカイカ、市場名ムラサキイカ。市場では見慣れないが、おいしいイカだ。アンモニア臭の強いカギイカに似るが、アカイカはおいしい。気が荒く、噛みつくこともあるから要注意。胴長 40 cm を超えると、筋肉に塩気を感じることがある。表皮を剥くと白い小粒斑が無数に浮き出るが、これは発光器なので無害。大きな肝臓は油分が多く、塩辛には不向き。市場ではムラサキイカで流通する。

スジイカ *Eucleoteuthis luminosa* 冬

2 世界の温帯外洋域の表中層に群泳する。ML(外套長 20 cm)。外套膜腹面に 2 本の帯状の発光器がある。スジイカもおいしいイカだ。

ミズダコ　*Octopus (Paroctopus) dofleini*

ヤナギダコ　*Octopus (Paroctopus) conispadiceus*

冬　春

ミズダコ・ヤナギダコ

1. 頭足綱八腕形目マダコ科。三陸沖から北海道周辺の沿岸から陸棚上にすむ。通常は体長1〜1.5m。ヤナギダコの最大は1.2mほど。日本産の大ダコでは双璧で、ミズダコは3mに達する。
2. 上越漁港で見つけた、特大の腹部は7.7kg。
3. 多くは食紅と酢に漬けられ、酢ダコで流通する。

タコの仲間

しゃぶしゃぶ、吸盤の酢だこ、酢洗い刺し身

　吸盤はイカのように噛みつかず、文字通りに吸いつくようだ。墨は煙幕の役割で、敵をまさに煙に巻いて逃げる。蛸入道など怪談も多いイカタコ類だが、北海のミズダコや深海のダイオイカも、寿命は約2年。私たちが食用にする多くは、1年で子孫を残して消えていく。足1本を生買いして、自家製酢ダコ作りに挑戦してみよう。

ミズダコ・ヤナギダコ／チヂミタコブネ

4 生の脚を1本仕入れると、使い道は様々だ。
6 食紅を使わない、吸盤だけの酢ダコ。
5 サッと湯通して食べる、しゃぶしゃぶ。
7 北海道の樽流し漁は、ミズダコを専門に狙う。

チヂミタコブネ *Argonauta boettgeri*

1 頭足綱八腕形目カイダコ科。メスがオスより大型になり、卵を保育する舟形の貝殻を形成する。世界の温熱帯海域の表層を遊泳する。アオイガイは体長27cm、タコブネは9cm、チヂミタコブネは4cm。普通食べないが、茹でると柔らかくて美味である。

サメハダテナガダコ *Callistoctopus luteus*

サメハダテナガダコ（酢洗い刺し身）

1. 頭足綱八腕形目マダコ科。本州太平洋沿岸からフィリピンの浅海まで普通に見られる。体長 70 cm。水中では赤い体に白点を散らす、派手なタコだ。柔らかい膜に覆われた 8 本の腕は、棒のように固く感じる。
2. 粗塩で何度も揉み洗い、水洗いを繰り返す。
3. 汗だくになるころ、洗い終わっただけで丸まってしまう。
4. 大き目の吸盤だけを切り取った刺し身は、爪楊枝で食べる。
5. 茹でる時間は 5 分ほどで、冷水に取る。長く茹でると身が縮む。
6. 生酢に漬けると、さらに身は締まる。
7. サメハダテナガダコの酢洗い刺し身。

アカニシ（刺し身）／ダンベイキサゴ（塩蒸し）

■ 巻き貝

アカニシ *Rapana venosa*

夏 秋 冬

1. 腹足綱新生腹足目アッキガイ科。北海道南部から全国の沿岸、水深30m似浅の砂泥底にすむ。殻高10〜15cm。殻口内が鮮やかな橙色で、握り拳の形が男っぽい。浅海の砂泥底にすみ、アサリなどの二枚貝を食べる。縄文時代の貝塚からも発見される。
2. 塩茹でして、中身をくるりと引き出す。
3. 渦巻き状の先端（肝）は取り置き、筋肉との間にある消化腺は切り捨てる。
4. 殻ぶたを底に敷いて、肝と筋肉を盛りつける。アカニシの刺し身。

貝の仲間

刺し身、塩蒸し、いちご煮、しょう油煮、おでん、塩焼き、勾玉の炊き込みご飯、酒蒸し、みそ煮、ニシ汁、みそ汁

　貝類は生活圏が狭い範囲に限られるため、各地に驚きの発見が潜んでいる。料理法も産地特有だから、旅にはたまらない食の思い出だ。都会のスーパーにも見知らぬ魚貝が並ぶようになり、ぶら歩きがまた楽しくなってきた。

　それらを羅列して紹介するのは他書にお任せするとして、ここでは主に関東地方に伝わる驚きの料理法を交えながら、身近な貝類の意外なおいしさを紹介したい。一般に知られるアサリやハマグリ、サザエやアワビなどは除外して巻き貝、二枚貝、磯モンの3項目に分けた。磯モンはその昔、男衆が沖へ漁に行ったあとに、残った者が磯に出て採取したという。カネにならない貝類は磯モンと呼ばれ、漁師家の食卓に上がった。

　磯モンに限らず潮間帯にすむ貝類は、人目について採取しやすい。自然相手の管理は法律より先に、私たち個人のモラルにある。心して、磯に親しんでもらいたいと思う。

ダンベイキサゴ（ナガラミ）*Umbonium giganteum*

1. 腹足綱古腹足目ニシキウズ科。男鹿半島と鹿島灘より南方の、水深5〜30mの砂底にすむ。SW（殻幅）4cm。外海の浅い砂底にすみ、殻表面は研いたように美しい。外敵に襲われると跳ねるように逃げる。
2. かるく水洗いして丼に移し、塩を入れた熱湯をたっぷり注ぐ。
3. ふたをして、3分待つ。
4. 塩湯を捨てて、出来上がり。この貝は煮すぎると固くなるので、湯で蒸し上げる。
5. 爪楊枝で、くるりとほじり出しながら食べる。

アカニシ（刺し身）／ダンベイキサゴ（塩蒸し）

ツメタガイ *Glossaulax didyma* 春 夏

1. 腹足綱新生腹足目タマガイ科。北海道南部からインド大西洋までの、潮間帯から水深50mの砂底にすむ。殻幅5cm。東京湾の千葉側ではイチゴ貝という。アサリやハマグリの天敵で、漁業者の嫌われ者。初夏の産卵期に砂茶碗と呼ばれる卵塊を、浅海に産みつける。
2. 甘辛味に煮て筋肉だけを食べる、いちご煮。煮すぎると固くなるので注意。

マガキガイ *Strombus (Conomurex) luhuanus*

1. 腹足綱新生腹足目ソデボラ科。房総半島以南の太平洋側の岩礁域や潮だまりなどにすむ。殻幅6cm。やや浅い岩礁域から砂底にいて、別名をチャンバラ貝。三日月形の貝ぶたを、刀のように振り回すからだ。
2. 塩茹でか、淡口のしょう油煮がいい。
3. 爪楊枝でくるり、ほじって食べる。

ボウシュウボラ *Charonia lampas sauliae* 冬 春

ボウシュウボラ（刺し身）

1. 腹足綱新生腹足目イボボラ科。房総半島以南の潮間帯から水深50mの岩礁域にすむ。殻幅20cm。房総半島から三浦半島周辺で、イセエビなどを狙った刺し網によく掛かる。漁師は蹴って放ることから、ケッポウと呼ぶ。ヒトデなどを襲って食べる。
2. 金槌に殻を割って、筋肉だけを取り出す。内臓は食べない。
3. ふたを外して、筋肉は口元を中心に2つに切る。左右の口元に、オレンジ色の塊（唾液腺）が見えるはずだ。漁師はこれを石鹸と呼び、強いヌメリを洗い流す。ボウシュウボラの唾液腺と内臓は猛毒の恐れがあり、食べてはいけない。
4. 洗った筋肉は熱湯に通したら即、冷水で洗う。
5. 食べやすいように薄造りにする。
6. ボウシュウボラの刺し身。

ヤツシロガイ（おでん、塩焼き）

ヤツシロガイ *Tonna luteostoma* 冬

1. 腹足綱新生腹足目ヤツシロガイ科。北海道南部より全国の水深5〜200mの砂泥底にすむ。殻長12cm。水深10mほどのやや深い砂底にいて、ウニやヒトデなどを捕食する。ふたはなく殻長10cmを超える。別名スガイ。

2. 殻ごと湯がいて、中身を取り出す。

3. 可食部の筋肉を口元から2つ割りにして、口やヒモなどを取り除く。

4. 適宜に切った筋肉は串に刺し、おでんの種や塩焼きにする。

■ 二枚貝

アコヤガイ *Pinctada (fucata) martensii* 冬

アコヤガイ（勾玉の炊き込みご飯）

1. 二枚貝綱ウグイスガイ科。関東から沖縄までの日本中部以南の水深20m似浅の岩礁底にすむ。殻幅7cm。日本の真珠養殖では欠かせない、別名を真珠貝。一般に食用にされることはないが、成熟した真珠玉を採取する季節にだけ、貝柱が地元に出回るようだ。
2. アコヤガイへの核入れ、この核がやがて真珠になる。
3. 英虞湾に広がる真珠養殖棚。
4. 貝柱は、勾玉（まがたま）の形。贅沢な串焼きだ。
5. 勾玉の炊き込みご飯。

ウチムラサキ　*Saxidomus purpurata*

冬　春

ウチムラサキ（塩焼き）

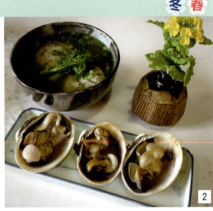

1. 二枚貝綱マルスダレガイ目マルスダレガイ科。北海道南西部から九州南部まで。潮間帯から水深20ｍの礫混じりの砂泥底にすむ。殻幅9cm。三河湾など浅海の砂底にいて、別名大アサリ。ウチムラサキとは、貝殻の内側が濃い紫色だからである。
2. 渥美半島の居酒屋にあった、焼き大アサリ。
3. 東京湾の猿島海岸も、ウチムラサキの宝庫だ。

カガミガイ *Phacosoma japonicum* 冬 春

1 二枚貝綱マルスダレガイ目マルスダレガイ科。北海道南西部から全国の潮間帯下部より水深30ｍの細砂底にすむ。殻幅8cm。関東の潮干狩りでは常連で、身が固く、砂を嚙んでいるので嫌われる。写真下はマテガイ。

2 カガミガイの酒蒸し。すべての料理は殻を開いて、中の砂を洗い流すことから始める。

シオフキ *Mactra veneriformis* 春

1 二枚貝綱マルスダレガイ目バカガイ科。宮城県以南の潮間帯下部から水深20ｍの砂泥底にすむ。殻幅4.5cm。潮干狩りでは、アサリの外道。殻が柔らかいため、割れやすく嫌われる。

2 剥き身にしてみそ煮は、千葉の名物料理だ。

ホンビノスガイ *Mercenaria mercenaria* 冬

ホンビノスガイ（刺し身、一夜干し）

1. 二枚貝綱マルスダレガイ目マルスダレガイ科。ビノスガイは日本固有種で東北地方以北に生息して殻径10cmほど。ホンビノスは1990年代に東京湾で確認された、北米大陸原産の外来種。殻径13cmになり、江戸川などでは漁業資源に定着している。
2. ホンビノスガイの酒蒸し。水と酒で煮て、好みでバターを落とす。
3. 殻を開いて水洗いする。
4. 舌（脚）を開いて洗い、糞などを洗い出す。
5. ホンビノスガイの刺し身。
6. 一夜干しを炙って食うのもオツ。

■ 磯モン

イボニシ *Reishia clavigera* 冬

イボニシ（ニシ汁）

1. 腹足綱新生腹足目アッキガイ科。北海道南部より男鹿半島以南の磯場に群生する。殻高3cmで、岩礁の隙間などに普通に見られる。旬は大寒のころ。唾液腺に辛味があることから、別名を辛ニシ。
2. 金槌で1回叩いて、つぶす程度にする。
3. ザルに入れ静かにかき混ぜたら清水で漉す。
4. 焼きみそと炒り白ゴマをすり鉢に当ててから、漉した汁を足して合え、10分ほど置く。
5. 出来上がったニシ汁を、少量の炊きたてご飯にかける。
6. 出来たばかりのニシ汁。
7. 数分置くと、やや紫色がかって辛味が増す。
8. ニシ汁には、火を使わない。1口食べてから水を飲む、牛乳を飲む、何を飲んでも咽の奥が辛い。笑ってしまうような辛さが、クセになる。

クマノコガイ（みそ汁）／ヒザラガイ（炊き込みご飯）

クマノコガイ　*Chlorostoma xanthostigma*　冬 春

1. 腹足綱古腹足目バテイラ科。福島県と能登半島以南の潮間帯から水深20ｍの岩礁にすむ。殻高2.8cm 磯モンを代表するほど、似た仲間と数が多い。クマノコガイなど丸みを帯びたものをタマ、バテイラのように三角錐形をシッタカと三浦半島では呼ぶ。
2. みそ汁などにして、食事が終わったあとに酒のつまみにするのが基本形。
3. 紀伊半島南端の潮岬灯台から見下ろして、磯に人陰を見つけた。麦わら帽子のおばちゃんは磯モンを採っていて、波音で私の呼び声が聞こえない。
4. 驚いた顔で見せてくれたのは、名も知らぬ"磯モン"であった。

ヒザラガイ　*Acanthopleura japonica*　冬

1. 多板綱クサズリガイ目クサズリガイ科。北海道南部から全国の潮間帯の岩礁上にすむ。殻幅7cm。岩磯や防波堤に、虫のようにへばりついている。色合いが周囲に同化するから、ちょっと見つけにくい。
2. 生のままでは、殻や汚れが落ちない。
3. 湯通してから冷水に取り、8枚の貝殻と苔むしたような皮を剥がす。
4. 背に切り込みをして、腹ワタを押し出す。

ヒザラガイ（炊き込みご飯）／マツバガイ（炊き込みご飯）

5 水洗いして、このまま食べてもいいが固いと思う。
6 刻んで塩で食べると、酒の肴だ。
7 ヒザラガイの炊き込みご飯は、硬派な磯の香り。

マツバガイ *Cellana nigrolineata*　冬

1 腹足綱カサガイ目ヨメガカサ科。男鹿半島と房総半島以南の潮間帯の岩礁にすむ。殻幅6〜8cm。カサガイの仲間は多く、料理はどれも同じように使う。
2 磯モン料理は、それらを区別なく使う。
3 小さな貝なので、焼くより煮た方が仕事は早い。みんなが喜ぶなら、やっぱり炊き込みご飯だ。
4 ダッチオーブンを使った野外料理では、おいしさもひとしお。

和名索引
Index

あ

アイゴ	89
アイブリ	27
アオギス	20
アオザメ	168
アオチビキ	36
アオハタ	12
アオミシマ	85
アオヤガラ	150
アカイカ	200
アカヤガラ	151
アカイサキ	37
アカエイ	183
アカグツ	144
アカタチ	64
アカチョッキクジラウオ	162
アカニシ	204
アカハタ	13
アコヤガイ	209
アサヒアナハゼ	108
アブラボウズ	104
アミウツボ	126
アラ	16
アンコウ	139

い

イソマグロ	76
イタチウオ	137
イッテンアカタチ	64
イネゴチ	100
イバラヒゲ	160
イボニシ	213
イラ	81

う

ウスエイ	185
ウスバハギ	113
ウチムラサキ	210
ウツボ	123
ウナギギンポ	126

え

エソの仲間	134
エゾイソアイナメ	102
エドアブラザメ	173
エビスダイ	146

お

オアカムロ	23
オオニベ	41
オオメハタ	39
オオモンハタ	17
オキエソ	136
オキザヨリ	153
オグロコンニャクウオ	164
オビハタ	17
オヤビッチャ	71

か

カガミガイ	211
カゴカキダイ	60
カゴカマス	95
カゴマトウダイ	163
カスザメ	178
カマスサワラ	77
カミナリイカ	197
カワビシャ	47
カンテンゲンゲ	164

き

- キアンコウ … 139
- キジハタ … 14
- キツネダイ … 80
- ギマ … 116
- キュウリエソの仲間 … 164
- ギンアナゴ … 119
- ギンザメ … 176

く

- クエ … 17
- クサウオ … 105
- クサヤモロ … 25
- クマノコガイ … 214
- クルマダイ … 58
- クロアナゴ … 121
- クロコバン … 53
- クロサギ … 62
- クロシビカマス … 94
- クロタチカマス … 93

こ

- コバンザメ … 53
- コブシメ … 194
- コモンサカタザメ … 181

さ

- サイウオの仲間 … 164
- サカタザメ … 181
- サケガシラ … 158
- サザナミダイ … 31
- サメハダテナガダコ … 203

し

- シオフキ … 211
- シキシマハナダイ … 38
- シビレエイ … 190
- シマウシノシタ … 111

シマガツオ … 55
- シリヤケイカ … 195
- シロギス … 20
- シログチ … 43
- シロシュモクザメ … 165

す―そ

- スギ … 51
- スジイカ … 200
- スズメダイ … 71
- セミホウボウ … 98
- ソデイカ … 199

た

- ダイナンアナゴ … 122
- タカノハダイ … 67
- タナカゲンゲ … 82
- ダンベイキサゴ … 205

ち―て

- チゴダラ … 102
- チヂミタコブネ … 202
- ツバクロエイ … 186
- ツメタガイ … 206
- テナガコウイカ … 196
- テングダイ … 47

と

- トウゴロウイワシ … 118
- トウジンの仲間 … 160
- トゲハナスズキ … 18
- トゲラクダアンコウ … 162
- ドチザメ … 166
- トビエイ … 188

な―の

- ナガラミ … 205
- ニザダイ … 91
- ニタリ … 171

ヌタウナギ	191	ホシセミホウボウ	98
ネズミギス	128	ホラアナゴ科	122
ネズミゴチ	86	ホンビノスガイ	212
ネズミザメ	169		
ノコギリエイ	174		
ノコギリザメ	174		

は

ハダカイワシの仲間	163
ハチビキ	33
ハナミノカサゴ	96
ハマダツ	155
ハマフエフキ	29
バラハタ	16

ひ

ヒゲソリダイ	45
ヒゲダイ	44
ヒザラガイ	214
ヒトミハタ	17
ヒメ	130
ヒメダツ	155
ヒョウモンコウイカ	196
ヒラソウダ	73
ヒレジロマンザイウオ	55

ふーへ

フタイロハナスズキ	18
フタスジナメハダカ	132
フトツノザメ	172
ブリモドキ	27
ヘダイ	10
ベロ	110

ほ

ホウキハタ	17
ボウシュウボラ	207
ホシエイ	184
ホシザメ	167

ま

マエソ	134
マガキガイ	206
マダラエソ	136
マツカサウオ	148
マツダイ	49
マツバガイ	215
マハタ	15
マルアジ	26
マルソウダ	75
マンボウ	156

み

ミギマキ	69
ミシマオコゼ	84
ミズダコ	201
ミドリフサアンコウ	142
ミノカサゴ	96
ミミイカ	198

むーも

ムラサキイカ	200
メガネウオ	84
モンゴウイカ	197

や行、ら行、わ行

ヤツシロガイ	208
ヤナギダコ	201
ユウダチタカノハ	70
ロウソクチビキ	36
ワキヤハタ	39

学名索引
Index

A
Ablennes hians ······ 155
Abudefduf vaigiensis ······ 71
Acanthocepola krusensternii ······ 64
Acanthocepola limbata ······ 64
Acanthocybium solandri ······ 77
Acanthopleura japonica ······ 214
Alopias pelagicus ······ 171
Aluterus monoceros ······ 113
Aprion virescens ······ 36
Argonauta boettgeri ······ 202
Argyrosomus japonicus ······ 41
Aulopus japonicus ······ 130
Auxis rochei rochei ······ 75
Auxis thazard thazard ······ 73

B
Bero elegans ······ 110
Bodianus oxycephalus ······ 80
Bothrocana tanakae ······ 164
Brama japonica ······ 55
Bregmaceros japonicus ······ 164
Brotula multibarbata ······ 137

C
Callanthias japonicus ······ 38
Callistoctopus luteus ······ 203
Caprodon schlegelii ······ 37
Careproctus furcellus ······ 164
Cellana nigrolineata ······ 215
Charonia lampas sauliae ······ 207
Chaunax abei ······ 142
Chimaera phantasma ······ 176
Chlorostoma xanthostigma ······ 214
Choerodon azurio ······ 80
Chromis notatus notatus ······ 71
Cociella crocodila ······ 100
Coelorinchus japonicus ······ 160
Conger erebennus ······ 122
Conger japonicus ······ 121
Coryphaenoides acrolepis ······ 160
Cyttopsis rosea ······ 163

D
Dactyloptena orientalis ······ 98
Daicocus peterseni ······ 98
Dasyatis akajei ······ 183
Dasyatis matsubarai ······ 184
Decapterus macarellus ······ 25
Decapterus maruadsi ······ 26
Decapterus tabl ······ 23
Diaphus watasei ······ 163

E
Echeneis naucrates ······ 53
Emmelichthys struhsakeri ······ 36
Epinephelus akaara ······ 14
Epinephelus areolatus ······ 17
Epinephelus awoara ······ 12
Epinephelus bruneus ······ 17
Epinephelus fasciatomaculosus ······ 17
Epinephelus fasciatus ······ 13
Epinephelus morrhua ······ 17
Epinephelus septemfasciatus ······ 15
Epinephelus tauvina ······ 17
Eptatretus burgeri ······ 191
Erilepis zonifer ······ 104
Erythrocles schlegelii ······ 33
Eucleoteuthis luminosa ······ 200
Euprymna morsei ······ 198

Evistias acutirostris 47

F-G

Fistularia commersonii 150
Fistularia petimba 151
Gempylus serpens 93
Gerres equulus 62
Glossaulax didyma 206
Gnathophis heterognathos 119
Goniistius quadricornis 70
Goniistius zebra 69
Goniistius zonatus 67
Gonorynchus abbreviatus 128
Gymnocranius grandoculis 31
Gymnosarda unicolor 76
Gymnothorax kidako 123
Gymnothorax minor 126
Gymnura japonica 186

H-I

Halieutaea stellata 144
Hapalogenys nigripinnis 45
Hapalogenys sennin 44
Heptranchias perlo 173
Histiopterus typus 47
Hypoatherina valenciennei 118
Isurus oxyrinchus 168

L

Lamna ditropis 169
Lestrolepis intermedia 132
Lethrinus nebulosus 29
Liopropoma japonicum 18
Liopropoma dorsoluteum 18
Liparis tanakae 105
Lobotes surinamensis 49
Lophiomus setigerus 139
Lophius litulon 139
Lycodes tanakae 82

M

Mactra veneriformis 211
Malakichthys griseus 39
Malakichthys wakiyae 39
Maurolicus japonicus 164
Mercenaria mercenaria 212
Microcanthus strigatus 60
Mola sp.B 156
Monocentris japonica 148
Mustelus manazo 167
Myliobatis tobijei 188

N-O

Narke japonica 190
Naucrates ductor 27
Niphon spinosus 16
Octopus (Paroctopus) conispadiceus 201
Octopus (Paroctopus) dofleini 201
Ommastrephes bartramii 200
Oneirodes thompsoni 162
Ostichthys japonicus 146

P

Pennahia argentata 43
Phacosoma japonicum 211
Physiculus japonicus 102
Physiculus maximowiczi 102
Pinctada (fucata)martensii 209
Platybelone argalus platyura 155
Plesiobatis daviesi 185
Prionurus scalprum 91
Pristigenys niphonia 58
Pristiophorus japonicus 174
Pristis microdon 174
Promethichthys prometheus 94
Pseudoblennius cottoides 108
Pterois lunulata 96
Pterois volitans 96

R

Rachycentron canadum	51
Rapana venosa	204
Reishia clavigera	213
Remora brachyptera	53
Repomucenus curvicornis	86
Rexea prometheoides	95
Rhabdosargus sarba	12
Rhinobatos hynnicephalus	181
Rhinobatos schlegelii	181
Rondeletia loricata	162

S

Saurida gracilis	136
Saurida macrolepis	134
Saxidomus purpurata	210
Sepia (Doratosepion) pardex	196
Sepia longipes	196
Sepia latimanus	194
Sepia japonika	195
Sepia lycidas	197
Seriolina nigrofasciata	27
Siganus fuscescens	89
Sillago japonica	20
Sillago parvisquamis	20
Sphyrna zygaena	165
Squalus mitsukurii	172
Squatina japonica	178
Strombus (conomurex) luhuanus	206
Synaphobranchus affinis	122

T

Taractichthys steindachneri	55
Thysanoteuthis rhombus	199
Tonna luteostoma	208
Trachinocephalus myops	136
Trachipterus ishikawae	158
Triacanthus biaculeatus	116
Triakis scyllium	166
Tylosurus crocodilus crocodilus	153

U, V, X, Z

Umbonium giganteum	205
Uranoscopus bicinctus	84
Uranoscopus japonicus	84
Variola louti	16
Xenocephalus elongatus	85
Xiphasia setifer	126
Zebrias zebrinus	111

参考文献

1) 中坊徹次（編）ほか『日本産魚類検索・全種の同定　第三版』、東海大学出版会、2013

2) 奥谷喬司（編著）『日本近海産貝類図鑑　第二版』、東海大学出版会、2017

3) 益田一『日本産魚類大図鑑』、東海大学出版会、1984

4) 橋本芳郎『魚貝類の毒』、学会出版センター、1977

5) 小西英人（著）・中坊徹次（監修）『遊遊・さかな大図鑑』、エンターブレイン、2007

6) 日本魚類学会（編）『日本産・魚名大辞典』、三省堂、1981

7) 澁澤敬三『日本産魚名集覧』、角川書店、1942

8) 栄川省造『魚名考』、甲南出版社、1974

9) 土屋光太郎・阿部秀樹・山本典暎『イカ・タコ ガイドブック』、阪急コミュニケーションズ、2002

10) 瀬能宏、吉野雄輔『幼魚ガイドブック』、阪急コミュニケーションズ、2002

著者プロフィール

にしがたまさひと
西潟正人

1953年新潟県生まれ。服飾の仕事をしながら、インドなど世界を放浪。魚好き・料理好きが高じて地魚料理店「魚屋」を、神奈川県逗子市で20年間営む。現在は品川の魚料理店「あじろ定置網」で腕を振るい、魚食の魅力を伝えている。

著書に『日本産　魚料理店大全』（緑書房）、『漁師の磯料理』（徳間書店）、『魚で酒菜』（徳間文庫）、『漁師直伝』『漁師町のうめぇモン！』・『市場食堂』・『東京湾・漁師町』（生活情報センター）、『とっておき漁師料理』（NHK出版）、『漁師町ぶらり』（講談社＋α新書）、『釣魚料理図鑑』Ⅰ＆Ⅱ・『イカ・タコ識別図鑑（料理部門）』（エンターブレイン）、『ウツボはわらう』（世界文化社）など多数。

テレビ朝日「マツコ＆有吉の怒り新党」・「マツコ＆有吉かりそめ天国」で水産ジャーナリストとして活躍し、その他、フジTV「ポンキッキーズ」、旅チャンネル「漁師町ぶらり」などにも出演。

2017年4月より東京海洋大学海洋生命科学部非常勤講師も務める。

魚っ食いのための
珍魚食べ方図鑑

2017 年 7 月 20 日　第 1 刷発行

著　者	西潟正人
発行者	森田　猛
発行所	株式会社 緑書房 〒 103-0004 東京都中央区東日本橋 2 丁目 8 番 3 号 TEL 03-6833-0560 http://www.pet-honpo.com
編　集	秋元　理、森川　茜、西田彩未
カバーデザイン	尾田直美
印刷・製本	アイワード

© Masahito Nishigata
ISBN978-4-89531-298-1　Printed in Japan
落丁、乱丁本は弊社送料負担にてお取り替えいたします。

本書の複写にかかる複製、上映、譲渡、公衆送信（送信可能化を含む）の各権利は
株式会社 緑書房が管理の委託を受けています。

JCOPY 〈(一社) 出版者著作権管理機構 委託出版物〉

本書を無断で複写複製（電子化を含む）することは、著作権法上での例外を除き、
禁じられています。本書を複写される場合は、そのつど事前に、(一社) 出版者著作権
管理機構（電話 03-3513-6969、FAX03-3513-6979、e-mail : info @ jcopy.or.jp）
の許諾を得てください。また本書を代行業者等の第三者に依頼してスキャンやデジ
タル化することは、たとえ個人や家庭内の利用であっても一切認められておりません。